生き延びた特攻兵のポリス魂

深沢敬次郎

まえがき

十八歳のときに軍人を志願し、昭和十九年四月に陸軍船舶特別幹部候補生隊に入隊した。海上挺進隊が発足すると組み込まれ、ベニヤ板の舟艇に二五〇キロの爆雷を搭載し、夜陰に乗じて敵の艦船に体当たりする訓練を受けた。軍隊にあっては命令している上官も命令されており、末端の兵隊はロボットみたいであった。沖縄の阿嘉島に派遣されると、翌年の三月二十三日からグラマン機の大空襲を受けた。秘匿壕や舟艇が破壊されて出撃不能になり、上陸してきたアメリカ軍と戦って多数の死者を出した。

本島に戦線が移ると島から引き上げたが、それからは飢えとの闘いになった。食糧倉庫が焼かれて食べ物に窮し、六月になると餓死の恐れがあって休戦協定が結ばれた。島民と朝鮮人の軍夫のみ投降が認められたが、軍人は飢えとの闘いをつづけた。生き延びるため脱走や投降する将兵が続出し、餓死寸前でアメリカ軍の捕虜になった。恐れていた虐待はなく軍人と同じ食事であり、体力が回復すると強制労働に従事して多くの将兵に接した。官舎の清掃にいったとき、空軍司令官と片言の英語にジェスチャーを交えて話し合ったが、それは対等のものであった。一年三か月間の収容所の生活はとてつもなく長く感じられたが、アメリカ人と日本人の考え方の違いを知った。

二十一歳の誕生日に復員したが、世の中は様変わりして就職先が見つからない。父親にすすめられてしかたなく巡査になったが、どうしても仕事になじむことができない。山の中の警察署に転勤になったとき辞めたくなったが、父親に諭されていやいやながら赴任した。

町には映画館や図書館もなければ娯楽施設が何一つなく、時間を持て余して読書会に入った。一冊の本を読んだとき全身が震えるほどの感動を覚え、本を買うために酒やタバコを断った。別荘の著名な作家や学者の話を聞く機会に恵まれると本の虜《とりこ》のようになり、どのように生きるのがベストか考えた。世の中に役立つ仕事をしたいと思ったが、巡査以外に見つけることができない。

都市の警察署の看守になるとさまざまな留置人を取り扱い、犯罪心理学など学ぶようになった。どんな悪人でも人間であることに変わりなく、すべての人と平等に応対することにした。鑑識や捜査内勤になったが昇任する気にはなれず、社会勉強がしたくなって交番勤務になった。トラブルや多くの事件の処理をし、人や世の中の見方がわかるようになった。人の恥部に触れたり世の中に隠された事実を知り、人や物事を見直したこともあった。更生を願いながら被疑者の取り調べをして貴重な体験を聞かせてもらい、生きることや仕事に役立てた。物品であれば鑑定によって真偽を明らかにできるが、供述のウソを明らかにするのは容易ではない。

顔面神経マヒになったとき、働きつづけた身と心を休めたくなって早期に退職した。気ままに過ごしたが物足りなさを覚え、日記帳やスクラップを整理して原稿を書き始めた。新聞の地方版に紹介されて地元の出版社から自費出版すると、それが親本になって大手出版社の文庫本になった。農繁期に野菜農家の手伝いをしたが、どこも後継者がいないことを嘆いていた。

寝たきりの義父や徘徊する義母の介護をつづけ、福祉や医療などの現場を知ることができた。いつになっても戦争のことが忘れられず、慰霊のためにしばしば沖縄を訪れた。戦争を知らない人のコメントに違和感を覚え、戦記を書くことを思い立ったが、記憶は鮮明に残っていても記録したものがなかった。たくさんの戦記や捕虜記を読んだり、体験者の話を聞くなどして『船舶特攻の沖縄戦と捕虜記』を出版した。戦争を語り継ぎたいと思って雑誌や新聞に投稿するなどし、犯罪の防止に役立てようと思って捜査体験記を出版した。

ニュースは新聞やテレビなどで知るほかないが、いまは真実であるかどうか確かめることができない。つじつまの合わない話に疑問を覚えたりするが、報道にも決定的な間違いのあることがわかってきた。

少子高齢化がすすんで過疎地も多くなり、選挙の投票率は年々低下の傾向にある。ネットなどによって容易に情報が入手できるが、プライバシーがおかされるようにもなった。うまい話に大金をだまし取られたり、誘われて命を奪われる事件もあるが後を絶つことがない。多くの人が戦争や犯罪のない平和な暮らしを望んでおり、少しでも世の中に役立てたいと思って戦記や捜査体験記の出版をつづけた。

九十歳になったとき使い慣れたワープロが修理不能になり、執筆を断念しようと思った。読書や執筆の気持ちはそれほどなえなかったため、パソコンを購入して新たな挑戦をすることにした。デジタル化したため二極化の傾向があり、ついていけない人が自由を求めてひきこもりになったりする。労働者が不足して外国人を雇い入れているが、人権が尊重されないためトラブルが起きている。人は平等であると口にはしても、いまだ男尊女卑の考え方は根強く残っている。

平和を口にしながら軍備を拡充している国もあれば、敵対する人をけなして正当性を訴えている人もいる。日韓の間ではぎくしゃくした関係がつづいており、仲良くしたいと思っても疎外しているのは両国政府である。いままでのわだかまりを捨てて手を握ることができれば、明るい将来が期待できるのではないか。政界にあっては不都合のことは証拠隠滅しているし、不正がばれて大騒ぎになった大企業もある。職場にあってはパワハラやセクハラなどがあり、学校や家庭にあってはいじめや虐待が問題になっている。良いと思ってやったことでも与える側と受ける側は大違いであり、逆効果になって自殺に追いやったりする。どんなに少数の意見が正しくても多数に押し切られ、将来に暗い影を落としている。

軍人や巡査を志願したことを悔いたこともあったが、かけがえのないものとわかった。知識は本を読んだり人の話を聞くなどして会得できるが、世の中には経験しないとわからないことが少なくない。読書をつづけたりさまざまな経験が糧になり、自分の道を歩くことができたため『生き延びた特攻兵のポリス魂』を書いた。

【生き延びた特攻兵のポリス魂／目次】

一章　巡査志願

＊就職難のため巡査志願

十八歳のとき特攻隊員として沖縄戦に参加し、九死に一生を得てアメリカ軍の捕虜となった。一年三か月の収容所の生活はとてつもなく長く感じられたが、多くの将兵に接してアメリカ人と日本人の考え方の違いを知った。二十一歳の誕生日に名古屋港に復員して検疫を済ませ、強制労働の報酬として二百余円を受け取った。駅裏のヤミ市にいくと一個のタバコが五十円で売られており、世の中が様変わりしていることを知った。実家が農家であったから食べる物に困らなかったが、ヤミ米を食べなければ生きられない人もいた。

就職口を見つけることができず、父親から巡査を募集しているから受験したらどうかと言われた。職業の対象と考えたことはなかったし、軍隊に似たところがあったから気乗りがしなかった。どうしても見つからないため、巡査になってから職を探せばいいじゃないかと考えて受験する気になった。試験の日はあいにくと小雨であり、ためらっていると父親にうながされて自転車で出かけた。試験会場に着いたときには締め切り時間をわずかに回っており、引き返そうとすると係員に呼び止められて最後の番号を渡された。

試験は国語と数学と作文だけだと知らされた。国語の「象牙の塔」の問題はまったくわからず、数学も苦手にしていたから自信はなかった。作文の問題は「人間」についてであり、これは戦争と捕虜の体験について書くことができた。

久しぶりに高崎の市街地をめぐったが、戦災の爪痕《つめあと》はあちこちに残っていた。廃虚になっていた市街地の一角でスピードくじを売っており、運試しのつもりで十円を取り出して二枚を求めた。一枚ははずれたが、もう一枚には9の字がいくつも入っており、係のおばさんに差し出すと一等賞と言われた。鈴を鳴らされて五百円を手にすることができたため、二年三か月ぶりに映画館に入ることができた。ニュースは戦争中と大きく異なっており、映画を見たときに平和のありがたさを実感することができた。

学科試験の合格を知らせてきたのは村の駐在さんであり、口述試験を受けるため警察練習所にいった。制服を着た三人の試験官の前にいくと緊張し、いろいろと質問されたが社会常識はほとんど答えられなかった。合格通知が郵送されてくると父親は大いによろこんだが、わたしは不安が先に立ってしまった。

＊警察練習所入所

昭和二十二年の三月十日に五十人の仲間とともに警察練習所に入所したが、復員した者や学校を卒業したばかりの未成年者もいた。全員が寮に入って六か月の教養を受けることになったが、憲法が改正されていたからほとんどの教科書が役に立たなかった。

食糧難のために朝からすいとんで昼がさつまいも二本ということもあったが、厳しい柔道や剣道の訓練は取り止めることはなかった。どんなにひもじい思いをさせられても、外出も家族の面会も差し入れも許されず、巡査を辞めることもできなかった。

むなしい生活に潤いをもたらせてくれたのが、群馬大学教授の授業であった。歴史では縄文式土器などについて学び、むかしの生活がどのようなものか知ることができた。法医学では自他殺の見分け方や血液鑑定などを学び、解剖の現場を見学して人体の構造を知ることができた。倫理学では道徳や人の歩む道を教えられ、英会話は楽しく学ぶことができた。心理学では心と行動の関連について学ぶことができたし、相手の立場に立ってものを考えなさいと教えられた。

五月三日は日本国憲法施行の記念日であったが、新聞を読むこともラジオを聞くこともできなかった。所長から民主主義についての訓示があり、つづいて生徒指導の教官の話になった。新しい憲法が施行されても、われわれが天皇陛下の警察官であることに変わりはないのだと強調し、天皇陛下と言葉を発するたびに「気をつけ」の姿勢をとった。

教養の半ばが過ぎたとき制服を着ての外出が許されたが、きちんと交通法規を守らなければならず堅苦しい思いをさせられた。卒業が近づいてくると実務修習がおこなわれ、交番に配置されて先輩の指導を受けた。職務訊問や人との会話が苦手であり、巡査が勤まるだろうかと思ってしまった。卒業試験がおこなわれることになったが、成績のいかんにかかわらず卒業できることを知らされてほっとした。

＊交番勤務

卒業すると前橋警察署に配置になり、久留馬橋巡査派出所の勤務となった。管内に住むことが原則になっていたが、食糧や住宅事情もあったためか実家からの通勤が認められた。六人の巡査が二人一組になって当番、非番、日勤の繰り返しになっており、一日の休みもなかった。当番は朝の八時三十分から二十四時間の勤務となっており、夜中に一時間ごとに三回の仮眠時間があった。日勤のときは戸口調査をしたり、ヤミ米や交通違反の取り締まりなどに従事した。

交番に勤務して五日目に関東地方がカスリーン台風に襲われ、利根川の堤防が決壊するおそれがあったため先輩と大渡橋の警戒を命ぜられた。堤防の決壊が始まったため危険を防ぐ措置をとったが、軒を並べていた商店がつぎつぎに濁流にのみ込まれた。家財道具を運び出す者は置き場に困り、土地や建物を奪われた人たちはぼう然としていた。見物にやってきた人の話によると、下流でも大きな被害を出しているとのことであった。交代要員が見えないため徹夜の警戒になり、濡れた服も着たままであり、食事をすることもできなかった。

わたしが受け持ったのは場末の住宅街であり、戸口調査簿を携えて各家庭をめぐった。家族の変更の有無を調べたり、要望を聞くなどし、古老のうんちくのある話に耳を傾けたりした。お世辞を言われて煙たい思いをさせられたり、警察批判にへきえきさせられたりした。多くの人からさまざまな話を聞くようになり、苦手にしていた会話にも少しずつ慣れた。自転車の二人乗りや無灯火は違反になるため、交番の近くにくるとほとんどが降りていた。

すべての物資が不足していたため、食糧管理法や物価統制令や価格表示規則などで取り締まった。ヤミ米を食べなければ生きられない状態になっていたため、その取り締まりにはとくに苦慮させられた。タバコの吸い殻を拾ったり、枯れた木の葉を薄紙に巻いてタバコ代わりにしたり、密造が禁止されていたどぶろくが出回っていた。ヤミ米を拒否した山口判事さんが栄養失調で死亡したニュースを耳にしたとき、守りたくても守れない法律のあることを知った。

警察法が大きく改正され、国家地方警察と自治体警察に二分されることになった。これは日本の警察の弱体化をねらったアメリカの陰謀だと吐き捨てるように言った幹部がいた。年末になるとひんぱんに夜警戒が実施され、非番の日に割り当てられ、午前零時から三時までの張り込みは寒さと睡魔の闘いみたいであった。

一月に警視庁の管内で帝銀椎名支店の十二人の行員が毒殺されたり、寿産院で養育費を受け取りながら百三人の乳幼児が栄養不良で死亡させられた。仕事をしながらさまざまなことを知ることができたが、なじむことができないため転職したい気にさせられた。

二章　長野原町警察署

＊どろぼうの人権

警察法が施行されることになり、大規模な人事異動がなされて長野原町の自治体警察署に配置された。辞めたくなって父親に話すと、若いときにはいろいろと経験しておくものだと諭されて、いやいやながら赴任した。寒い日にトランクと行李《こうり》を持ち、バスに乗り継いで渋川駅までいった。空っ風の入る待合室で震えながら一時間も待たされ、改札が始まると人と荷物が押し合いへし合いしながら列車に乗り込んだ。

満員の列車は貨客両用であって駅のないところで敷石を降ろすなどしたため、大幅に遅れて終点の長野原駅に着いた。辺りは一面の銀世界であり、道路はこちこちに凍って、あちこちにつららが下がっていた。駅前で待っていたのはバスに代用されたトラックであり、乗客は、はしごを利用して荷台に上がっていった。

下宿が予定をされていたのは警察署の前のT旅館であり、転勤した巡査の後に入れてもらうことになっていた。給料の範囲で賄ってもらえるものと思っていたが、全部いただいても無理だと言われた。おかみさんと話し合い、主食を提供するという条件で下宿させてもらうことができた。映画館はすでに廃館になっており、図書館もなければ娯楽施設は一つもなく時間を持て余した。

変化のない日がつづいていたが、四月下旬になると桜が咲き始めて暖かさが増してきた。長野原駅から電話があり、列車内で二人の乗客が言い争っていると知らせてきた。先輩の刑事と自転車で急ぐと、中年の男が盗まれた靴を返してくれといい、若い男は買ったものだから返すことはできないと主張していた。列車内で詳しい話を聞くことができず、若い男に任意同行を求めて先輩が本署で取り調べを始めた。このような取り調べに立ち会うのは初めてであり、先輩がどのように問いただしても靴は買ったものだと主張するばかりであった。

「一銭も持ってないのにどうして買うことができるんだ。盗んだのに違いないや」

「靴を買ったら文無しになってしまったが、どうしてどろぼうと決めつけるんですか」

「いくら買ったと言い張っても、盗んだ靴を履いているのが何よりの証拠じゃないか」

「靴は盗まれものかもしれないが、どろぼう扱いをするのは人権蹂躙《じんけんじゅうりん》じゃないのかね」

「ふざけたことを言うじゃないか、どろぼうに人権があるくらいなら犬や猫にやった方がましというものだ。お前には盗みの前科があるし、どうして盗んだことを認めることができないんだ」

「おれが盗んだというんなら警察で証明すればいいことじゃないか」

先輩はいらいらし、怒鳴ったり、すかしたりしながら自白を求めていた。若い男はへそを曲げたらしく何もしゃべらなくなってしまい、取り調べが膠着状態になった。とりなすように若い男にお茶を差し出すと、こんなしぶといやつにお茶を上げられるものかと言って取り上げた。ますます険悪な状態になって口を開かず、にっちもさっちもいかなくなった。

業を煮やした先輩は、証拠をつかんで捕まえるぞと言い残して部屋から出ていった。いつになっても戻らないため世間話を始めると気分がほぐれたらしく、ぼつぼつと身の上話を始めた。

「いつまでもだまっていては、身の潔白を晴らすことはできないのではないですか。どのようにして靴を買ったのか、そのときのことを詳しく話してくれませんか」

「草津のバスの乗り場で待っていたとき、見知らぬ四十歳ぐらいの男が見えたのです。この靴を四百円で買ってくれないかと言われ、履いてみるとピッタリしたんだ。安いと思ったので有り金をはたいて買ったため、文無しになってしまったんです」

「すると、靴を売りにきた見知らぬ男は、あなたが四百円しか持っていないことを知っていたみたいですね」

このように問いかけるとだまってしまった。どうして話すことができないんですかと尋ねると、重い口を開いた。

「前に警察で取り調べられたときも、どろぼう扱いにされ、おれの言い分を聞こうとしなかったんだ。今度だって初めからどろぼう扱いだし、こんな取り調べをされたんじゃ殺されたって、しゃべるもんかというように気になってしまうよ。お巡りさんのような取り調べをされたんじゃ弁解することもできないし、カブトを脱ぐほかないや」

先輩の刑事が自供させることができなかったが、わたしに取り調べの技術があったわけではなかった。世間話をしているうちに人間と人間の会話ができるようになり、それが功を奏したらしかった。

サマータイムが実施されたが、涼しい山の中では恩恵にあずかった実感はなかった。小説家の太宰治が玉川上水で投身自殺したニュースを耳にしたが、名前は聞いていたが本を読んだことはなかった。教育勅語が廃止されたり、マッチが八年ぶりに自由販売になったり世の中は少しずつ変わりつつあることがわかった。

＊考えを変えた人との出会い

憲法が施行されてさまざまな法律が施行されたり、改正されるなどした。警察官職務執行法が施行されたり、刑事訴訟法が大幅に改正されたため刑事講習がおこなわれることになった。受講生は自治体警察の巡査部長と巡査の五十人であり、教官は国家地方警察の警部と警部補であった。教官や受講生の多くが戦前の教育を受けており、新しい法律を学ぶための八週間の講習であった。教科書は間に合わないし、用紙も不足していたからノートをとることもできない。教官も新しい法律を十分に理解しているとも思えず、どれほど役に立つかわからなかった。

警察官職務執行法が施行されたため、職務訊問が職務質問になって戸口調査が巡回連絡になった。職務執行についてさまざまなことが記されていたが、理解するのが困難であった。刑事訴訟法は大きく改正されており、被疑者を取り調べるとき供述拒否権のあることを告げなければならなかった。教官がそのことを説明すると、ベテランの刑事が手をあげて質問した。

「犯人を取り調べるときに、どうして言いたくないことは言わなくてもいいと告げなければならないのですか。このようにすれば、自白する者はいなくなってしまいますよ」

「法律というのは一つのルールであり、たとえ警察に都合の悪いことがあっても警察官は守らなくてはならないんです。警察官職務執行法も刑事訴訟法も新しい憲法の精神に沿ったものであり、このようなことを知ってもらうための講習会であることを理解してくれませんか」

教官はこのように説明したが、戦前の教育が身についた警察官の考え方を改めるのはむずかしいようだ。捜査のベテランの警部は捕り物の話をしたが、戦中のものであったが印象に残った。教官は入れ替わって捜査や防犯の話をしたが、いずれも付け焼き刃のようなものであった。

講習生で知っていたのは同期生のK君だけであり、同室であったから話し合うようになった。どこで勉強したのかわからないが、あまりにも博学なのでびっくりさせられた。休みの日は思い思いに過ごすことができたため、実家にいったり映画を見ることもできた。

講習の修了が近づいてくると多くの者が試験勉強に取り組むようになり、わたしも負けじと丸暗記を始めた。K君からコーヒーを飲みにいかないかと誘われたが、勉強を優先するため断ると一人で出かけた。翌日も誘われたので断ると、持論を展開したため聞かざるを得なかった。

「一夜漬けの勉強なんか身につかず、試験が終われば忘れてしまうもんだ。眠いのを我慢して丸暗記なんてナンセンスであり、それでも試験勉強が大事だと思うんかね。食べ物だって一度にたくさん食べたって一部しか吸収することはできないし、何事もふだんの積み重ねが大事だと思うんだ」

このように言われては反論も、断ることもできず、しかたなく喫茶店にいった。コーヒーを飲みながら話し合い、部屋に戻ると勉強する気になれなかった。試験の成績は芳しいものではなかったが、悔いる気持ちはまったくなかった。刑事講習で刑事にとって必要なことを学ぶことができたが、それ以上にK君に教えられたことの方が価値があったように思えた。

ふだんの勉強が大切だとわかったため本を読みたくなったが、給料が安いために買うことができない。実家の帰りに映画を見ることが多かったが、書店にも立ち寄るようになった。たくさんの本が並んでいたので目移りしたが、目についたのがトルストイの『人生読本』であった。戦争中に発行されたため定価が二円八十銭になっており、一月から十二月までの日記であって、生き方についてさまざまなことが書かれていた。分厚くて読み応えがあったため毎日のように読み、トルストイがどのような人か想像することができた。本を読みたい気持ちがますます強くなり、下宿をやめて自炊を考えたが、なかなかふんぎりがつかない。

青年が主体となっている読書会があることを聞き、会員になりたいと思って申し込んだ。警察官との理由で断られたが、親しくなった会員の紹介によって入会した。たくさんの本を輪読して読書の楽しみを覚え、一冊の本を読んだとき全身が震えるほど感動した。旅館の近くで間借りをして自炊を始め、少しばかり本を買う余裕が生まれ、三木清著『人生論ノート』を購入して読んだ。これは死や生や道徳心や正義について書かれ、反戦の思想家であったため牢獄に入れられて死亡したことを知った。

＊見習い刑事となる

いままでは国家地方警察の間借りであったが、町役場の近くに庁舎ができて女子職員が採用された。見習い刑事になって先輩の指導を仰ぐことになったが、考え方が異なっていたから取捨選択をしなければならなかった。

捜査から戻ったとき二人の娘さんが上司の取り調べを受けていたが、有り触れた光景であった。娘さんがふろしきを返してくれませんかと言うと、違反に使ったものだから返すことはできないと怒鳴った。上司に言いつけられてヤミ米は食糧営団で買い上げてもらったが、返してくれたふろしきはそのまま娘さんに渡した。それで済んでいれば忘れてしまうことであったが、数日したとき、おかみさんから電話があったのでT旅館にいった。

二人の娘さんからお礼を言われ、漁師をしている父が釣った魚だと言って差し出された。受け取ることができずに固辞すると娘さんは思案にくれ、おかみさんの取り成しでその場を収めることができた。夕食の準備をしているとき、おかみさんが刺身を持ってきてくれたため、複雑な気持ちでいただいた。

署内勤務のときは腕時計の必要性をあまり感じなかったが、捜査では欠かすことができないものであった。犯人を検挙したときには、場所と時間を記入する必要があり、頼りにしていた安物の腕時計が故障してしまった。町の唯一の時計屋さんに修理を出したが、熱心な新興宗教の信者であった。一週間でできると言われて受け取りにいくと、部品を取り寄せる都合があるので二週間ほど待って欲しいと言われた。腕時計を持たない日がつづき、今度は間違いないと言われたので受け取りにいくと、またもやほごにされた。

初めは腕時計のないことで不便を感じたが、慣れるにしたがって時間に制約されない自由のあることに気づいた。修理ができた旨の電話があったが、すぐに受け取りにいく気にはなれず時計屋さんが持ってきてくれた。時計屋さんの話を聞いてウソでないことがわかり、守りたくても守れない約束があることを知った。

暑さ寒さも彼岸までと言われていたが、今朝の冷え込みは格別であった。起きるのをためらっていると、山の中の集落で土蔵破りがあったので呼び出された。自転車で急いだが、現場に着くまでに一時間以上もかかり、集落で一番の大尽といわれている被害者の話を聞いた。

土蔵にカギをかけたことはなく、被害に遭ったのは一か月前からきのうまでの間だという。土蔵の一階には食べ物などが置かれていたが、二階にあった三さおのタンスはすべて空になっていた。現場には二本のタバコの吸い殻と数本のマッチの軸があったが、どのくらいの被害になるかはっきりしなかった。

農繁期であったから留守をしている家が多く、農作業の手伝いをしながらの聞き込みとなった。さまざまな話を聞くことができたが、捜査の参考になる話は聞けなかった。

ある農夫に尋ねると、いきなり、給料取りはいいねと言われた。その理由を尋ねると、大雨のために各地でガケ崩れがあり、特産のカンラン（キャベツ）が出荷できず生活に困っていると言った。わたしには給料が安すぎるという不満があったが、それを口にすることはできなかった。捜査を終えて生い茂った古森の坂に差しかかったとき、クマが出没する話を思い出して身の毛がよだつ思いにさせられた。

翌日も捜査に出かけて農家に立ち寄って聞き込みをすると、留守番をしていた老人から愚痴を聞かされた。

「働き者の嫁であったが、二人の男の子を産んでから身体を壊すようになって医者通いをしているんだ。二人の孫がいるから追い出すこともできず、男だから将来を楽しみにしているんだよ」

その気持ちは痛いほどわかったが、相づちを打つことも、反対を口にすることもできなかった。慰めてやりたいと思っていろいろの事例を話したが、どのように受け止めたかはわからない。

手口や、ぞう品捜査でも有力な情報を得ることができず、捜査は行き詰ってしまい他の事件と合わせての捜査となった。土蔵破りが発生して一か月ほどしたとき、高崎市警察署から電話があり、逮捕した窃盗犯人の余罪として土蔵破りが明らかになったことを知った。先輩は捜査が無駄になってしまったとなげいていたが、わたしはさまざまな経験をすることができた。

＊警察と労組の関係

官公庁の四十八時間制が実施されたり、政府が行政整理に着手するようになると、あちこちで労働争議が起こった。福島県の平《たいら》では労働者が警察署を占拠したり、国鉄の下山総裁が線路上で轢死体として発見された。引き続いて起きたのが三鷹事件であり、無人電車が暴走して民家に飛び込むなどして多数の死傷者を出していた。

それから一か月ほどすると松川事件となったが、旅客列車が脱線転覆させられたもので計画的な列車妨害とされた。このような事件が続発したため労使間に険悪な空気がただよい、警察でも労働運動を警戒するようになった。このような暗い世相に明るさをもたらしたのは、古橋広之進さんが全米水泳選手権で世界記録を出したことであり、もう一つは湯川秀樹博士がノーベル物理学賞を受賞したことであった。

ラジオから流れる「銀座カンカン娘」や「長崎の鐘」を聞いたり、「野良犬」や「拳銃無宿」や「ハムレット」などの映画を見たりした。日本戦没学生の『きけわだつみのこえ』を読んで戦争のことを思い出し、花山信勝著『平和の発見』を読んだ。世の中のことを少しでも知ろうと思い、天野貞祐著『生きる道』や小泉信三著『共産主義批判の常識』などを読んだりした。

見習いの肩書がとれたため一人で行動し、見ず知らずの人のところに聞き込みにいった。刑事というと警戒する人もいれば、信用する人もいたが、話し合うと気心がわかるようになった。お世辞を言われると信頼できなくなり、だんだんと人の見方がわかるようになった。

町の主催で囲碁将棋大会が開かれたとき、囲碁の部に申し込んだ。Ａクラスに組み込まれて数人と対戦したが、伯仲していたのは一人だけであった。

リーグ戦が終了したので番外の勝負をしたくなり、お互いに自己紹介をすることにした。わたしは警察官であることを告げると、相手は労組の委員長と名乗った。警察と労組の関係はしっくりしていなかったが、親善が目的になっていた。妙手が勝ちにつながり悪手が敗北になることもあり、生き方に似ていた。双方の休みのときに社宅に出かけると、上司や先輩から奇異な目で見られるようになった。

あるとき委員長が、おれが警察のスパイでないかという者がいるが、そんなことに耳をかさないことにしているんだと言った。わたしも上司から労組の委員長と付き合うと「アカ」に見られるぞと、注意されたが、取り止める気にはなれなかった。

長野原町でも労働運動や党活動が活発におこなわれており、先頭に立っていたのが共産党幹部のNさんであった。激しい闘志の持ち主であったため、警察官の多くが敬遠していた。

読書会員と立ち話をしているときNさんが通りかかり、会員との話し合いが済むとわたしに話しかけてきた。われわれは労働者や農民の味方であるが、警察官は人民の敵だと言い出した。みだりに論争することができず、だまって聞いていると警察の批判がつづいた。人民の敵になりたくなかったら警察を辞めるんだなと言われては、だまっていられなくなった。それはNさんに言われる筋合いのものではないよと反論したが、それは無視されてしまった。この辺の百姓はみんな認識不足であり、どのように説明しても社会主義が理解できないんだと言ったとき違和感を覚えた。

「Nさんはほんとうの共産党員なんですか。いま、百姓は認識不足だと言ったがそれでも農民の味方なんですか」

このように問いただすとしばらく考え、失言だったから取り消すよと言った。

「失言だったと言って取り消すのは簡単だが、意識や考えを変えるのはむずかしいのではないですか」

追い打ちをかけるようにこのように話すと反論することができず、読書会員にあいさつして立ち去った。人には強い面もあれば弱い面もあり、強そうに見える人にも弱点があることがわかった。それからはNさんがわたしに対する態度も以前とは異なっており、このことも言葉のやり取りがきっかけになっていた。

聖徳太子の千円紙幣が発行され、給与も少しずつ改善されつつあった。牛乳が自由販売になったり、もりやかけのそばが十五円で食べられるようになり、外食する者にはありがたかった。

マッカーサーが共産党の幹部の公職追放を指令したり、警察が全国のデモや集会を禁止するなどした。朝鮮戦争が勃発したかと思うと警察予備隊が発足するなどし、全学連が反レッドパージ闘争宣言をし、世の中がきな臭くなってきた。

朝鮮戦争がどのようなものか知りたくなり、「朝鮮戦争に対する日本はどうなるか」という特集号を読んで少しはわかった。池田蔵相が貧乏人は麦を食えと発言したことが社会問題になったり、地方公務員法が施行されて政治活動が禁止されるなど世の中に変化が見られた。

＊苦悩させられた人身売買

窃盗事件の捜査から戻って報告書を作成していたとき、川原湯駐在所から電話があった。売られてきた娘さんから相談を受けたのですがわからず、係をよこしてくださいと言ってきた。係が不在だったので上司に命ぜられたが、人身売買について知っているのは、生活苦のため娘が売られた記事を目にした程度であった。

出かけていって娘さんの話を聞くと、みやげ店で働くという条件でやってきたが、売春ではないかと思って相談にやってきたという。おかみさんの話を聞くと、この娘には大金を出しであると言ったが詳しい話をしようとはしない。双方の話に食い違いがあったからまとまる可能性は少なく、どのようにしたらよいか考えた。ふと、日本国憲法の条文を思い出し、おかみさんに席をはずしてもらった。

「憲法では、金で人の自由や身体を拘束することはできないことになっており、ここを出るか出ないか、あなたが決めればよいことなんです。その気になれば警察署の前のT旅館に話してあげますし、費用がなければ貸してあげますよ」

このように話すと納得したため若干の金を与え、おかみさんには、警察で決めることではなく二人で話し合ってくれませんか、と言って本署に戻った。

上司の姿はなかったので翌朝の報告になったが、すでにおかみさんから話があったらしかった。

「こんな重要な問題を勝手に決められては困るじゃないか。自治体警察というのは地元の人を大切にし、よそから来た娘の肩を持つことはないんだ」

「そのような考え方に賛成することはできませんね」

「若いときには正義感に強く熱気に走りやすいが、世の中は正義だけでは生きていくことはできないんだ」

なおも説教がつづいたため聞くに堪えがたくなり、風邪をひいて頭痛がするので休ませてもらいますと言い残して自室に戻った。翌日も熱が下がらないために無断欠勤をつづけていると、見知らぬ三十歳ぐらいの男が見えた。

「わたしは飲食店の長男ですが、いまは東京の法律事務所で働いているのです。母親からいろいろ話を聞いてきたが、あなたのやったことは刑法第百九十三条の公務員職権乱用になるし、第二百三十四条の威力業務妨害になるんですよ。あなたが娘を連れだした法的根拠がどこにあるか、それを説明してくれませんか」

話し方は比較的丁寧であったが、食ってかかるような態度があったから返事をためらってしまった。どうして返事ができないのですかと追及してきたため、わたしは連れ出していないし、娘さんの自由意思でやったことではないですかと言った。

「旅館にいた娘さんの話を聞いてきたが、あなたにそそのかされたと言っているんだ。そんな弁解は通らないぞ」

どのように説明しても通じないと思ったのでだまっていると、言いたい放題のことを言ったので腹立たしくなった。

「いろいろ言っているが、どんな要件でやってきたのかいまだわからないんです」

「娘を店で働かせてもらえばいいんだ。こっちの要求が入れられなければ、あなたを職権乱用で告訴するまでだ」

「店で働くかは娘さんの問題であり、告訴するかどうか、それはあなたの問題ではないですか。わたしに答えられることは一つもありませんね」

「話し合って穏便に解決してやろうと思ってやってきたが、分からず屋では告訴するしかないや」

捨てぜりふをして荒々しく戸を閉めて出ていった。告訴されても納得できなければ争えばいいことだし、無断で欠勤したことでクビなったらそのとき考えることにした。冷静になろうとしたが神経が異常に高ぶっており、朝から食事をしていないのに食欲もなかった。好きな本を読む気にもなれないし、眠ろうとしても眠れない状態がいつまでもつづいた。どのようにしても悩みを解決することができず、もんもんと過ごして自殺を考えたとき、戦争を思い出した。

戦争で何度も死の危険に遭遇して助かった命であり、むざむざ失いたくないと思った。それでも悩みを解消することはできず、食欲もなければ眠ることもできない日がつづいた。

三日目に見舞いにやってきた同僚と話し合い、少しばかり気がほぐれた。小学校の女の先生が果物を持って見え、おいしくいただくことができたため最悪の事態から抜け出すことができた。

辞表を書いて新たな出発を考えたとき、上司が見舞いに見えた。娘も食堂で働くようになったから風邪を治して出勤してくれと言われたため、辞表を提出することができなかった。同じ時間であっても楽しく過ごすときは短く感じられるが、悩んだり苦しんだり考えたりした三日間は運命を左右するほどの貴重な体験であった。

＊生きることと死ぬこと

仕事を終えると自由時間になり、寝るまで読書をするのが習慣となっていた。翌日の仕事に差し支えないため十二時までに消灯することにしていたが、アンドレジイド『狭き門』を読んだ。姉が愛していた男を妹も愛していることがわかり、妹の幸福を求めて身を引いて別の男と結婚したというものだった。アテネ文庫は三十円で出版していたのでたくさん読むことができたし、木村亀二著『死刑論』も読んだ。犯罪者を隔離するのが目的であれば死刑にする必要はないのではないかとあり、犯罪や刑罰について考えさせられた。刑法にはたくさんの罪名があって罪の軽重もさまざまであるが、犯罪が証明されなければ検挙することはできなかった。戦争のことはいつになっても忘れられず、『沖縄の最後』や『ひめゆりの塔』を読んだ。

窃盗事件の捜査のため北軽井沢に出かけ、あちこちと聞き込みをした。哲学者の田辺元先生の別荘にいったとき、親切にいろいろ話してくれた。駅前の酒屋さんにいくと見慣れた顔の人がいたが、どうしても思い出すことができない。こっそりと店の人に尋ねると、浅間牧場にロケにきている俳優さんだと言われた。聞き込みをつづけながら浅間牧場にいくと、高峰秀子さん主演のロケが始まっていた。エキストラの顔見知りの人の話を聞くと、日本で最初の総天然色映画の「カルメン故郷に帰る」の撮影をしているところだと言った。

別荘に住んでいる哲学書の田辺元先生の話を聞き、哲学に興味を抱くようになって『哲学入門』を読んだ。少しばかり理解できたため西田幾太郎著『善の研究』を読むと、正しい理論を身につけて実行することが大切だとあった。つづいて倉田百三著『愛と認識との出発』を読むと、自愛と他愛や利己と他利の人生論について書いてあった。平和についても考えるようになり、『平和の国デンマーク』や『アメリカの市民生活』を読んだりした。

昼過ぎに若者が飛び込んできたが、すぐに言葉を発することができない。捜査主任が落ち着かせて話を聞くと、心中しようと思ったが死に切れなかったという。詳しく話を聞くと、若者は社長さんの専属の運転手であり、心中の相手は社長の奥さんであることがわかった。死亡していることが確認できないため、消防団の応援を得て手分けして沢を探すことにした。

あちこち探して夕方近くになったとき、沢に沿うように横たわっていた着物姿の女性を発見した。首に腰ひもが巻き付けられており、死亡が確認されたために検視は翌日になった。若者がひもで絞めたことを認めたため嘱託殺人の容疑で逮捕したが、男は二十七歳で殺された奥さんは四十七歳であった。現場保存を命ぜられたため同僚と山の中で一夜を過ごすことになったが、女の顔は死んでいるとは思えないほど穏やかな表情をしていた。谷間のために見える星空はかぎられており、北斗七星など見つけることはできなかったが、死についていろいろ考えさせられた。

翌日、捜査主任の検視が始まると写真撮影をし、裸にして頭部から足先まで調べた。首に巻き付けられた腰ひもによって殺されたものと思われ、その後、被疑者の取り調べに立ち会った。

「わたしは社長のお抱え運転手をしていたため、社長がどんなことをしているかわかっていたのです。二人の情婦がいたためにいさかいが絶えず、奥さんからいろいろ悩みを打ち明けられたのです。話を聞いているうちに同情してねんごろになり、社長にばれてクビを言い渡されたのです。そのとき奥さんに誘われて家出をし、各地の温泉をめぐって草津温泉にやってきたとき金を使い果たしたのです。川の向こうの山の中に入って沢の奥までいき、そこで心中することになったのです。お互いに首を絞め合うと奥さんが先に息が絶えてしまい、一人で首を絞めたり、果物ナイフで首を刺すなどしたが死ぬことができなかったのです」

このように供述したため事実が明らかになり、死体の身元の確認のために社長さんを呼び出した。奥さんを見るとぼう然としており、言葉をかけることもできないほど痛々しいものであった。事件の発端は社長の浮気にあったが、たんなる参考人に過ぎず、奥さんは殺人の被害者になって、誘われた若者は殺人の罪に問われることになった。社長さんと奥さんがどのように結ばれたかわからないが、二十年以上もつづいた夫婦の幕切れはあまりにも悲惨であった。

＊売春婦にほれた男の悲劇

事務所荒らしの事件の容疑が固まり、逮捕状を請求することになった。署長に命じられて中之条区裁判所にいって受付に逮捕状請求書を差し出すと、判事さんは午後にならないと見えないと言われた。書店に立ち寄って本を買い求めたり、食事を済ませてふたたび区裁判所へいくと、きょうは判事さんは来ないことになったと言われた。どうしたらよいか考えていると書記官が判事さんに電話して問い合わせをし、代筆によって逮捕状が発せられた。逮捕状は裁判官が発するものと思っていたが、このようなことが許されるかどうか疑問に思ってしまった。裁判に関する知識を得ようと思って戒能通孝著『裁判』やベッカリーア著『犯罪と刑罰』や小山いと子著『執行猶予』を読んだりした。

だまされたという被害の届け出があったが、貸借なのか詐欺なのかはっきりしない。だましたという男は無職であり、いままでに何回も詐欺の疑いで取り調べられていた。身内から前科者を出したくないとの理由で示談にしていたため、逮捕されたことはなかった。

今回はだました金を遊興費に使っており、金額が大きいために家族や親族から見放されていた。あちこちで金を借りて返済していないことがわかり、詐欺の疑いが濃厚になった。任意同行を求めて取り調べをすると、だまし取って遊興費に使っていたことを自供したため逮捕となった。

裏づけ捜査をすることになり、高崎の花柳界のA店にいった。戸が閉められており、近所の人の話によると観音山に桜の花見にいっているという。携帯していた本を読みながら待っていると、午後三時ごろ戻ってきた。経営者に事情を告げると脂粉《しふん》の香りがただよっている狭い部屋に通され、売春婦のH子さんの話を聞くことができた。

「わたしは戦時中からこの店で働いており、近くに軍隊があったのでほとんどが軍人相手でした。戦後からいろいろの男を相手にするようになり、男の見方がわかるようになったのです。常連のような客もいましたが、Hさんにほれた素振りをするとその気になったようでした。逃げられないためにさまざまなサービスをすると、ほれられたと思ったらしく足繁く見えるようになったのです。どのくらいの金を使ったか、何回見えたかは記載されていないためはっきりしたことはわかりません」

詳しく話を聞こうとしたが、夜の仕事の準備があると言われて急いで供述調書を書いた。被疑者は売春婦の餌食になっていたことがわかり、人は欲望の前に盲目になると言われていることを立証することができた。これは売春婦にほれた一人の男の悲劇であったが、これに似たような出来事は世の中に少なくない。

＊町議会議員選挙の裏話

町議会議員選挙が近づいており、定数が二十二名のところに立候補が予想されていたのは三十名であった。すでに買収や供応がなされたり、戸別訪問をしては投票を依頼している者もいるという。たくさんの違反の情報を耳にしたが、いずれもうわさの範囲のものであったから事実をつかむことができない。

立候補の届け出をしたのは予想されていた通り三十名であったが、共産党を除いてすべて無所属であった。ほとんどが集落の推薦になっていたが、例外だったのは三百名の団員を要する青年団長であった。大きな集落の推薦を受けた者が有利とされており、小さな集落からの立候補者は見当たらない。

山の中の集落は幹線道路からかなり離れており、交通が不便なだけでなくいまだ電灯がひかれていなかった。ある農夫を訪ねて話を聞くと、この集落は票が足りないため、いままでに立候補した者は一人もいないという。他の集落の候補者の草刈り場になっていると言ったが、その理由を尋ねたが話そうとしない。電灯がないことで不自由はないのですかと尋ねると、ラジオを聞くことはできないが少しも苦にならないんだと言った。人はさまざまな生活や生き方をしているが、慣れていると不便さを感じなくなるらしかった。

選挙運動ができる最終日であり、当選するかしないかは本人だけでなく集落や親類の人たちの重大な関心事であった。投票してやるんだから見返りがあってもいいと考えている有権者もいれば、手伝ってもらうのだから報酬を支払うのは当然だと考えている候補者もいたらしい。頼まれなかったから投票してやらなかったという選挙民もおり、どれほど公正な選挙がおこなわれるか疑わしかった。一票の違いが当落に影響するため、歩くことのできない者はリヤカーに乗せられて投票していた。買収や供応によって票が左右されるとなると、選ぶ人も選ばれる人も選挙違反をしたことになる。

開票作業は午後八時から始められたので警戒に当たったが、各候補者の投票用紙が二十枚になると束ねられた。各立会人に回されて点検を受けたのち、各候補ごとに机に並べられ、開票作業がすすむにつれて各候補のばらつきが見られた。当落の目安が百票前後とされていたため、六つの束になるとほぼ安全圏であった。五つの束にならないため落ち着かない人の姿もあり、残りの票が少なくなっても百票に満たない者が五名もいた。百四票が一名、百五票が二名、百六票が一名、百七票が一名であり、疑問票などの整理のために時間が費やされた。国政選挙では四百票も得る共産党であったが惜敗し、ダークホースとみられていた青年団長は会員や集落の票が得られず惨敗した。

お祭りの警備に当たっていたとき、当選した町議会議員に声をかけられた。投票してもらったおかげで当選できましたと言われてびっくりし、どうして漏れたのか気になってその理由を尋ねた。百五票まで読むことができたが一票だけわからず、わたしが投票したのに間違いないと思ったと言った。この町の浮動票といえば警察官や家族などかぎられており、そのために見当をつけたらしかった。選挙は自由投票が原則になっているが、この町の町議会議員選挙には契約投票みたいなところがあった。

＊職務質問と任意同行

梅雨のような空模様であり、農家の人たちにとっては恵みの雨になりそうだ。晴れるとよい天気ですねといい、雨が降ると悪い天気ですねと言ったりするが、雨に降られて困るのは屋外のスポーツなどをする人たちである。雨になるとよろこんでいるのは水力発電所の人たちであり、一方に都合がよくても他方には悪いこともある。

これは自然の摂理みたいなものであり、天候にはよいも悪いもない。スポーツや囲碁にしても勝つ人もいれば負ける人もいるし、試験にあっても成績が競われて合格や不合格が決められる。勝負にしても試験にしても、その過程にはさまざまなことがあり、運があることもあれば不正があったりもする。

先輩の刑事は日曜日でもこつこつと捜査をしており、地道な捜査によって多額の金属の窃盗犯人の容疑者が浮かんだ。盗んだ鋼材の販売先も明らかになり、所在の捜査をすると草津温泉のM旅館に投宿しているとの情報を得ることができた。始発のバスで先輩と出かけると、運動茶屋付近のつつじは咲き誇っていた。

M旅館の宿泊人名簿には該当者の名前はなく、年齢や人相などを告げると似たような客が宿泊しているが出かけているという。手分けをして捜して湯畑の付近を歩いているSさんらしい男を見つけ、Sさんですかと声をかけると違うよと言った。名前を尋ねると新聞記者と言って名乗らないため、身分を証明するものはありますかと尋ねた。無視して歩き出したため追尾しながら質問をつづけると、いつまでも後をつけていると軽犯罪法違反になるし、人権侵害にもなるぞと怒鳴った。どのようにしたらよいかわからず、警察へ連絡するために商店に立ち寄って首を出して様子を見ていた。隠れるように横路にそれたため、先回りをして待っているとびっくりしたらしい。

どうして隠れようとしたのですかと追及すると、何をしようとおれの自由じゃないかと反発された。押し問答となってお互いに後に引けなくなり、男が歩き出すとわたしも歩きながら職務質問をつづけた。さまざまな言い逃れをしていたが窃盗の容疑があってはあきらめることができない。いつまでも職務質問をつづけると返答にも困るようになり、抵抗もだんだんと弱まって任意同行の求めに応じた。

草津署で事情を聴いたが、あくまでも盗んだことは認めようとしない。先輩が見えて写真を示されて偽名とわかり、盗んだことを認めたため緊急逮捕となった。一連の捜査を通じて感じたのは、職務質問と任意同行であった。警察官が任意と思っても相手は強制されたと思うかもしれないし、犯人でなかったら人権侵害の抗議は正当のものとなる。途中で職務質問を打ち切れば、犯人を取り逃がしたと非難されかねない。

＊浅間高原のつつじカーニバル

六里ヶ原の警備を命ぜられ、自転車を転がしながら坂道を歩いて三時間もかかった。真っ赤なつつじが一面に咲き誇っており、全国の観光地百選に選ばれたことも理解できた。しばらく景色に見とれてあちこち見回ると、アイスキャンデーを売っている若者から、きょうの人出は数万になるのではないかと聞かされた。観光バスの運転手さんは、あの車は三百五十万円もするんですよと自慢そうに言っていたが、車はデラックスになっても道路事情はお寒いかぎりであった。

　なんのトラブルもなく任務も終えたので署長に報告すると、あすも引き続いて警備するように命ぜられた。一時間ほどで戻ることができたが、出直してくるのは容易ではなかった。一般の客としてD旅館に泊まって宿泊料を支払おうとすると、警備にきているんだからサービスしますよと言われた。勘定がプラスになると感情がマイナスになることが経験によってわかっており、当たり前のことがしたかった。過去の事例などあげて説明したが受け取ろうとせず、最終的には実費を支払うことで納得してもらうことができた。

　きょうも晴天であり、自転車で六里ヶ原にいって辺りをめぐりながら警戒をした。午前十時から郷土民謡発表会が始まったが、このころになるとかなりの人出になった。各地から大勢の人が見えており、長野原の青年団の一行には顔見知りの人が何人もいた。川原湯小唄や浅間小唄などが披露されていたが、このような雰囲気の中で郷土民謡を聞くのもおつなものであった。

　鬼押し出しでインチキなばくちをやっているとの知らせがあり、自転車で急ぐと、若者が小さな台の上にすごろくを並べて客を相手にとばくをしていた。インチキなとばくであるかどうか尋ねると、インチキなばくちというんなら証拠を見せろと怒鳴った。すかさず、わたしは耳が悪くないから大きな声を出さなくても聞こえますよと言い返し、インチキなものではないとしても、とばくは禁止されているんですよと話した。なおも言い争いがつづいていると親分らしい人が見え、お巡りさんに迷惑をかけては悪いから引き上げることにしますと言った。照月湖をめぐると大勢の若者がボートに乗ってレジャーを楽しんでおり、山のシーズンが近づいていることを実感させられた。

今度は共産党の八幹部の一人が別荘にいるとの情報であったが、ここにはロシア文学の作家や著名な学者などが住んでいた。ストレートに聞き込みをすることができず、窃盗事件の捜査を兼ねて北軽井沢の別荘にいった。蒸し蒸しする陽気であったから汗びっしょりになり、途中で検視した医師と出会ったので歩きながら話を聞いた。むかしは軍隊で衛生兵の幹部であったが四十歳を過ぎてから大学の通信教育を受け、来年は卒業予定だと言った。さまざまな苦労話を聞かされたが、自慢話が多すぎたのですべてを信用することができなかった。

駐在さんと一緒に大学村の別荘をめぐったが、年間を通じて住んでいる人はいたって少なかった。あちこち回ってロシア文学の翻訳家の米川正夫先生の別荘を訪ねると、先生は執筆中で奥さんが応対してくれた。コーヒーをいれてくれたので世間話となり、沖縄戦や捕虜の話をすると熱心に聞いてくれた。帰ろうとすると呼び止められ、よい話を聞かせてもらったから主人の本をあげましょうかと言われた。もらうのは好きでなかったので断ると、署名入りの本は後で高く売れるんですよと気軽に言われて断わり切れなかった。

字がうまく書けるようになるためペン習字の練習を始めたが、熱中することができなかった。好きな読書はあきることがなくつづけられ、A・ブレボー著『マノン・レスコー』を読んで感動した。名門に生まれた秀才の若者と絶世の美人娼婦との恋物語であり、さまざまな人の生き方のあることを知ることができた。夕方になると、小学校のY先生が本を借りに見えたため話し合い、源氏鶏太著『三等重役』や獅子文六著『自由学校』を渡した。枕元にはいつでも読むことができるように本が置いてあるが、それは別荘に住んでいる野上弥生子著

『真知子』であった。

浅間高原のつつじカーニバルの最終日であり、気遣われていて天候も徐々に回復してきた。署長の許可を受けたトラックに町議会議員の一行が乗り、それに便乗させてもらった。酒造業者から清酒二斗五升とビール二ダースが届けられ、雑談を交わしているうちに出発となった。日曜日であったからにぎわいを見せており、アイスキャンデー屋さんは忙しそうだったし、観光バスは何台も見えていた。あちこちめぐって警戒に当たったが、なんのトラブルもなく警備を終えることができた。北軽井沢駅前で帰りのトラックを待っていると、ハイヤーが止まった。顔見知りの運転手さんであり、客を乗せてきた帰りだから乗りませんかと言われて初めてハイヤーに乗った。

＊身についた習性

犯罪が発生すると実況見分をしたり、被害者の話を聞くなどして事実を確かめていく。今回の窃盗事件では前科があるために容疑がかけられていたが、いまだ見込み捜査がなされていた。捜査のために草津温泉に出かけたが、ある旅館の主人は柔道が好きで捜査に協力的であった。むかしの警察官は威張っていたから威厳があったが、いまはおとなしすぎるのではないかと言った。現在の警察のあり方を批判しており、それが本音と思われたが反対することができなかった。国には国の歴史があるし、個人もさまざまなことを習ったり経験して育っている。たとえ民主主義がよいとわかったとしても、むかしから身についた考え方を改めるのは容易ではなさそうだ。

ことしに入ってから最高の気温であり、汗びっしょりになって自転車で川原湯に出かけた。昨夜、女房が若い男に脅されて乱暴されたとの届け出があり、被害者だという奥さんの話を聞くことにした。夫の前では話しづらいというので席をはずしてもらって話を聞くと、好きな男と密会したことが夫にばれて詰問されたという。ほんとうのことを話すことができずウソをつくと、真に受けた夫が届け出たことがわかった。強迫されたり暴行された事実はなく、はっきりしたのは夫婦仲が悪いことであった。

実家の帰りに映画を見たり、書店に立ち寄るのが習わしになっていた。待ちに待った「カルメン故郷へ帰る」が封切りになり、ロケ現場の状況と重ね合わせて見ることができた。「真昼の決闘」や「裏窓」や「エデンの東」や「黄色いリボン」などの映画を見ることができたし、わいせつ文書として話題になっていた伊藤整訳『チャタレー夫人の恋人』の本を買い求め、一気に読むことができた。哲学に興味を持つようになったため、田中美知太郎著『哲学的人生論』や『哲学の慰め』など読んだ。

捜査の帰りに小学校の前を通るとY先生に呼び止められた。こんどの日曜日に十数人の男女の先生と浅間登山を計画しているが、よかったら一緒にいきませんかと誘われた。先生とは山にキノコをとりにいったり、本を貸したり借りたりして親しい仲になっていた。山に登りたい気持ちは強かったが、日教組に属している人たちであったため返事をためらってしまった。

雨具を持たずに自転車で出かけ、吾妻渓谷に差しかかったとき雨に降られてしまった。ガケ下で雨宿りして雨がやむのを待ちながら景色を眺め、小降りになったので参考人を訪ねた。

留守のためあちこち探していると、顔見知りの駐在さんが交通違反の取り締まりをしていた。さまざまな話をしていたときサイドカーで巡視にやってきたのは、巡査部長に昇任したばかりの同期生であった。年配の駐在さんはぺこぺこしていたし、階級が上がったためかわたしにも尊大な態度をとっていた。世の中には財をなしたり階級が上がったりすると偉いと言う人もいるが、それは人格のバロメーターではない。

犯罪はつぎつぎに発生しても検挙は追いつかず、未解決が増えていくばかりであった。人を疑うのは刑事の宿命みたいなものであるが、どのような場合であっても人権の尊重をおろそかにすることはできない。犯罪の捜査をしているとさまざまな情報を耳にするが、濃淡もあれば信用できないものもあった。犯罪の容疑が濃厚であっても、証拠を得ることができなければ検挙することができない。犯人は捕まらないように工夫しているし、捕まえようとしている刑事との知恵比べみたいなところがあった。

人はさまざまな場面に遭遇したり、多くの人に出会ったりしている。犯人を捜したり不審者の職務質問をしたりする。人を見るときもあれば、見られているときもあるが、だれにも見られていないと裸の姿を見せたりする。どんな場合でも人の目は気にすることはなく、自分の道を歩くことにしていた。

共産党の幹部が追放されたり、朝鮮動乱が始まると警察予備隊が発足した。予備隊員の募集では月給が五千円で退職金が六万円となっており、募集人員は七万五千人であった。警察官の待遇よりよかったため転職する者が出るようになったが、これからの日本がどのようになるか気になった。田上譲治著『新憲法の基本的性格と警察』や長谷川如是閑著『日本の国家』や笠信太郎著『ものの見方』などを読み、どのように生きるのがよいか考えた。

＊日教組の先生と浅間登山

長野原と北軽井沢間にコマーシャルバスが走るようになった。定員が十三名であり、黄色く塗られてロマンチックなものであった。ほとんどが浅間登山のために乗った小学校の先生であり、終点に着いたときにはあいにく雨になっていた。登山には早過ぎるため、天候を気にしながら旅館で休憩した。午後九時過ぎにやんだので旅館を出たが、暗闇だったために懐中電灯を手にして歩いた。峰の茶屋に着いたが登山を始めるまで間があり、震えるほどの寒さを覚えながら小屋で一休みした。

日の出を拝むために出発したが、どんよりしていたから一つの星も見ることはできない。白根の中腹には硫黄鉱山の明かりが見え、小浅間を眼下にしながら歩を進め、目を転じると国道の幹線の人家の明かりが帯のように連なっていた。

山頂に着いたときに薄明るくなっていたが、垂れ込めた雲に遮られて日の出を拝むことができなかった。明るさが増してくると大爆発の跡がくっきり残っており、浅間高原を鳥瞰図のように眺めることができた。北軽井沢の景色が手に取るように見え、どのような地形になっているか知ることができた。

近くには白根の山並や硫黄鉱山を眺めることができたし、遠くには雲海の上に南アルプス連峰がそびえて富士の山を望むこともできた。ガスの臭いをともなって強く冷たい風が肌を刺してきたし、噴火口の淵から火口の様子をのぞいたがガスが充満していた。各自が取り出した弁当を分け合うなどしてなごやかな朝食となり、いつしか仲間のような付き合いになっていた。

　帰りは鬼押し出しに立ち寄ることになったが、砂地になった傾斜のために一歩でもかなり進むことができた。いたるところにえぐられた断層があり、浅間山の噴火の歴史を物語っているようだった。六里ヶ原に出るとやや平坦になっており、話ながら和気あいあいと歩いた。鬼押し出しは天明三年の浅間山の大爆発の遺物といわれており、いたるところに奇岩が見えていた。

　岩の陰のひっそりした残雪には、夏を過ごそうとしているけなげな姿が見られた。若い男女の先生と行動することができたため、ざっくばらんに話し合えるようになった。午前中に北軽井沢に着くことができたため旅館で昼食をとり、疲れた体を休めて臨時のバスに乗って帰ることができた。念願だった浅間山に登ることができただけでなく、日教組の先生とも旧知の間柄のようになって人間として付き合えたことがうれしかった。

　うし湯祭りのため午後九時から午前二時まで、同僚と川原湯で夜警することになった。午前一時を過ぎたころになると、共同風呂にやってくる客が多くなった。旅館の主人の話によると、土用の丑《うし》の日の丑の時刻（午前二時ごろ）に風呂に入ると一年間は風邪をひかないという伝説があるという。むかしは丑の日はどこの旅館とも満杯になったというが、このごろは客も少なくなったと言っていた。

　警備を終えたが真夜中になっては帰ることもできず、旅館で仮眠させてもらうことにした。起きたときには十時を過ぎていたが、風呂に入ってから朝食を済ませた。宿泊代金を支払おうとすると、お祭りの警備をしてもらったのだから受け取れないと拒否されたが、これに似たことは珍しくはなかった。できるだけ避けることにしていたが、さまざまなことを考慮して、今回は現実と妥協してサービスに甘えることにした。

＊さまざまな人の生き方

犯罪捜査のためにバスで渋川に向かう途中、二十四歳ぐらいの女性が幼児のおむつを取り替えていた。顔をしかめていた乗客がいると、女性は申し訳ないような表情をしていた。世の中には経験しないとわからないことが少なくないが、相手の立場に立ってものを考えるようにしたいものである。

焼けたアスファルトの道路を歩いていると、汗がばたばたと落ちてきた。清楚な感じのする保健所にいくと着飾った女性が何人もおり、職員の話によって売春婦の定期健康診断とわかった。

浅間登山をしてから山に登りたい気が強くなったが、さまざまな制約があったから自由に行動することができない。山の気分を味わいたくなり、浦松佐美太郎著『たった一人の山』や田部重治著『心のゆくえ』を読んだりした。

旅行もしたくなったが金もなければ許されもしないため、映画を見たり旅の本を読むなどした。さまざまな知識を身につけたくなり、岸田劉生著『美術の本体』やアテネ文庫『獄中記』やジャンジャックルソー著『人間不平等起源論』など購入した。

新興宗教について時計屋さんから話を聞いていたが、他の宗教を知りたくなって鈴木大拙著『無心ということ』や波多野精一著『基督教の起源』など読んだ。一つの本を読むと関連した本を読みたくなり、同じものでも見る人によって異なっていることとわかるようになった。

ミシン屋さんにいったところ、主人は留守で奥さんが応対してくれた。いままで話し合ったことはなかったが、わたしを信頼してか身の上話をした。うちのとうちゃんには二号さんがいるけれど、どちらも公平に扱ってくれるのです。わたしも二号さんと付き合っており、仲良しなんですよ。本妻と二号さんの仲は悪いものと決めつけていたが、このような生き方をしている人がいることを知った。

雑貨店にいくと、ぼろをまとった七歳ぐらいの女の子があめを欲しがっていた。わたしを見たおかみさんは、この人は怖いお巡りさんだから悪いことをすると連れていかれますよと脅すような言い方をした。親切だと思っていたおかみさんを見直さざるを得なくなったが、それだけでは決めつけることができない。いやいやながら巡査になったが、いまだつづけているのが不思議のように思えた。

三十五歳ぐらいの奥さんが庭で仕事をしていたので声をかけた。警察官であることを告げるとてきぱきと答えたため、土地の人とは思えなかった。主人が鉱山で働くことになって引っ越してきたが、いまだこの土地になじむことができないと言っていた。どこの集落にも村意識があり、よそ者を受け入れようとしない傾向がある。

わたしは三年ほど住んでいる町の公務員であるが、いまでも町の人からはよそ者と見られている。町民に溶け込もうとしても容易ではなく、警察官らしくない警察官になることを心がけていた。個人の問題にくちばしを差し挟みたくはなかったが、島崎藤村著『破戒』を読んだときのことを思い出していろいろアドバイスをした。

窃盗事件の捜査のために北軽井沢にいったが、浅間高原の空気は澄み切っていた。白樺の林を背景にした浅間山の美しい景色に接し、山登りをしたときのことが思い出された。晴れていた空が曇ったかと思うと、追いかけるように雷雲がやってきて十日以上もつづいた乾いた大地に恵みの雨をもたらした。あすの日曜日をのんびりと高原で過ごしたくなり、署長に捜査報告をしてから許可を受けてD旅館に泊めてもらうことにした。いつの間にか家族同様の扱いをされるようになり、一緒に食事をしたり中学生の子どもに質問されて答えるなどした。

朝早く目覚めてしまい、窓を開けてさわやかな空気を吸い込むことができた。日の前にそびえる浅間山を眺めたが、同じ山なのに時間や場所によって趣を異にしていた。朝のうちに中本たか子著『愛は牢獄を超えて』を読み、刑務所の生活の模様を少しばかり知ることができた。帳場に雑誌があったので開くと、岸田国士先生の「北海道紀行」の一文が載っていた。浅間高原の光景に似たところがあり、先生からいただいた著書の『ルナール日記』を読んだときのことが思い出された。

昼食をするために台所にいくと、昼間からビールを飲んでいる中年の男がいた。どこのだれか知りたくなっておかみさんに尋ねると、東京の出版社の社長さんだと言われた。警察官とわかったらしく、お巡りさん、いっぱい付き合わないかと声をかけられたが、酒もビールも飲まないため断った。話し相手が欲しかったらしくいろいろ話しかけられ、哲学者の田辺先生の原稿が出来上がるのを待っているのだと言った。わたしが沖縄戦や捕虜の話をすると熱心に耳を傾けており、しばらく話をすることができた。

夕方になって帰ろうとすると、おかみさんや社長さんにすすめられてもう一泊することにした。引き続いて話をすることができたため親しみが増し、社長さんと一つの部屋で休んだ。酒や女の話をしたかと思うと子どもじみたしぐさをしたため、気ままに話し合うことができた。起きると社長さんは酔いが覚めており、ふたたび話を聞くことができた。いままではまったく知ることができなった出版界であったが、話を聞いて理解することができた。朝食を済ませてから捜査することになり、別れることになったとき握手を求められた。東京に出る用事があったら立ち寄りませんかと言葉をかけられ、忘れることができない人になっていた。

＊盗犯捜査強化月間の統計

捜査に出かけようとしたとき、アメリカの進駐軍と通訳だという学生が見えた。捕虜のときのことが思い出されたが、あのときは片言の英語でジェスチャーを交えて話をするだけであった。通訳の話によると、警察の視察が目的だということであり、日本の警察の検挙成績はすばらしいと話しているという。わたしがアメリカ軍の捕虜になっていたことを通訳を通じて兵隊に伝えてもらうことにした。

アメリカでは人権を尊重しており、多くの将兵が捕虜を一人の人間として取り扱ってくれた。日本では検挙成績が重視されて人権が軽視されており、アメリカ人と日本人の考え方に違いがあるのではないですかと言った。いろいろ話すとアンダースタンドといい、捕虜生活を役に立てることができた。

盗犯捜査強化月間になったため、署長の訓示があった。一人でも多くのどろぼうを捕まえるように言いつけられたが、休みなしに捜査しても成績が上がるという保証はなかった。群馬の検挙成績は関東管区内でもっとも低いため、本部長や刑事部長から発破をかけているという。先日まで県の刑事部長をしていた警視は、検挙成績のよしあしは統計の取り方によって決められると言っていた。統計は施策のために必要なものであり、実態を反映したものでなければ参考にすることもできない。検挙成績を上げようとすれば、職務質問や取り調べで自白を強要したり、文書の偽造を招いたりするかもしれない。

追放された共産党の八幹部の一人が万座に向かっているとの情報があり、一番列車が到着するときから張り込みが始まった。つぎの列車が到着するまで一時間ほどあり、その間に樋口一葉著『たけくらべ』を読むことができた。ふたたび張り込みをつづけたとき、不審な男が見えたので職務質問をした。背負ったリュックサックの中に細かく切断したアース線を詰めてあり、出所を追及するとあやふやな返事をしていた。さらに追及すると草津電鉄のアース線を盗んで切断したことを自供し、被害の確認ができたため現行犯逮捕した。三十六歳の男は長野県の警察署から詐欺で指名手配されており、捜査主任が取り調べをした。引き続いて駅の張り込みをし、井伏鱒二著『多甚古村』や島崎藤村著『新生』や三島由紀夫著『仮面の告白』を読むことができた。

アース線の窃盗被疑者を区検察庁に押送し、年輩の副検事さんの取り調べが始まった。このとき若い男が見え、公判に必要だから書類を貸してくれないかと言ってきた。副検事さんは先生と言って丁重に取り扱っていたが、どのような身分の人か見当がつかなかった。取り調べを終えて勾留請求のために簡易裁判所にいくと、先生と呼ばれていた男が弁護士の控え室にいた。検事さんと弁護士さんは公判では相反する立場にあると思われたが、二人が微妙な関係にあることを知った。そのことが被告人に有利になるか不利になるかわからないが、公正さを疑ってしまった。

＊警察官の権限

警察官はいろいろの権限を持っているが、すべて法令に基づいて執行しなくてはならない。そのためには法令を知らなくてはならないが、どれほどの知識を身につけているか心もとなかった。

検事さんや判事さんはたくさんの法令の知識を身につけているだけでなく、送られてきた事件について調べることができる。ところが警察官はその場で判断しなければならないことが多く、いつも六法全書を携帯しているわけではない。上司の指示を仰ぐいとまもなく、どのようにしたらよいか迷ってしまうこともある。わからないからといってそのままにしておくことはできず、知る限りの法令や智恵を駆使して最善の選択をするほかはなかった。法律や常識を身につけたくなり、正木ひろし著『裁判官』やR・パウンド著『法の任務』や津田左右吉著『必然・偶然・自然』など読んだ。

捜査主任の取り調べに立ち会ったが、取り調べは証拠によって自白を求めるというより、自白を優先する姿勢が見られた。現行犯逮捕された事実はすんなり認めていたが、余罪になるとのらりくらりした答弁を繰り返していた。捜査主任が怒鳴るといろいろの弁解をしたが、事実であるかどうかわからない。

アース線を売ったとされる古物商の話を聞くと、買い受けたこともなければそのような男は知らないと言った。二人の供述のどちらが正しいか明らかにするため、さらに取り調べと裏づけ捜査がつづいた。

被疑者の余罪について捜査主任が取り調べをし、ウソの供述をしていたことがわかった。草津に出かけていって金物屋の話を聞いたところ、カッターを売った事実を明らかにすることができた。数人の参考人の事情を聴取したため夕方までかかり、最終のバスの時間まで間があったので湯畑の近くの小さな書店に立ち寄った。『キリスト教十訓』を手にしたとき主人に話しかけられ、プロテスタントなどについて熱心に説明され、興味を抱いたが入信する気にはなれなかった。

めったにこない郵便物であったが、届けられたのは米川正夫先生の奥さんからの本であった。別荘にいったとき奥さんに沖縄戦や捕虜の話をし、そのことがきっかけになっていた。送られてきたのは先生の著書『トルストイの文学』であり、著名入りになっていた。トルストイの偉大な力は長い間につちかわれものであり、ロシアの国民性を反映させているとあった。すでに『人生読本』や『アンナ・カレーニナ』は読んでおり、『戦争と平和』を読むことにした。いろいろな苦難を乗り越えたことが糧になっていることを知り、さまざまな苦労が無駄にならないことを知った。

捜査のために草津に出かけ、署に立ち寄ると幹部の姿は見えず知り合いの刑事がいただけであった。信用できるためにきたんなく話し合い、警察の内部事情についても話してくれた。

署長にお中元やお歳暮などを贈ってかわいがられている同僚もいるが、七千五百円の給料から一千五百円の家賃を支払っているから、そんなお付き合いはまっぴらだと言った。これに似たことはどこの社会にもあると思われるが、出世したいと思う者にとっては当たり前のことなのかもしれない。

財産を残すことや出世することにうつつを抜かしている者もいるが、それを生きがいにしているのかもしれない。人の生き方はさまざまであるが、多くの者は平和で幸福な暮らしを望んでいる。

興業所の事務所にいくと、たくさんの感謝状が並べられていた。額面通りならすばらしい業績をあげていたことになるが、社長さんから自慢話を聞かされて違和感を覚えた。政治家や役人にごまをするなどし、裏取引きしていたと思われたが、当たっているかどうかわからない。このようなことはひそかにおこなわれおり、事実を確かめることはできないが経験によって生まれ疑問であった。

古物市場にいくと朝鮮の休戦交渉の決裂をよろこんでいる人たちがいたが、これは金属類の値上がりに期待していたからであった。

窃盗事件の捜査のために開拓団地に出かけていったが、どの家も貧相な建物であった。狭い家の中にはむしろが敷かれてあり、穀物など置かれて住宅と作業場が一緒のようになっていた。ほとんどが満州からの引き揚げ者であり、生活に困っていることがわかった。

ある主人の話によると、スイカの一つや二つ盗まれても届ける者はいないよと言った。その理由を尋ねると、盗む人は生活に困っているし、事情を聞かれると仕事に差し支えてしまうんだよ。犯人が検挙になっても盗まれたものは戻ってこないし、犯人が開拓地の人とわかると平穏な生活を乱すことになってしまうんだと言った。

別の主人の話によると、満州では豪勢な生活をしていたが、いまはこんなありさまなんですと嘆いていた。われわれの暮らしは別荘の人の暮らし方と大きく異なっているが、開拓魂で頑張っているんですと言った。自分の仕事よりも他人の仕事の方がよく見えることもあるが、それぞれの生き方があることを知った。わたしには美しく見える浅間高原であったが、開拓地の人たちは毎日のようにそこで暮らしており、人や景色の見方にも違いのあることを知った。

＊善行と悪口

午後九時三十分ごろサイレンが鳴ったが、火事ではなくトラックがガケから落ちた知らせであった。その場所は自転車で通るのも怖いような場所であり、どこのトラックで何人乗っていたか不明であった。大勢が集まっていたが指揮する者はおらず、口々にしゃべっているだけで成すすべがなかった。

こんなとき一人の若者がロープを背負って見え、木にくくりつけたかと思うと滑るように降りていってけがをした若者を背負って戻ってきた。すぐに医院に運ばれていったが、危険なガケを降りて人命救助をした男は名前も告げずに立ち去った。午前一時を過ぎると人影がまったく見えなくなったが、立ち去ることができないため徹夜の警戒となった。落ちたトラックは運送会社のものとわかったが、いまだ一人が不明になっていた。

明るくなると作業が始まり、消防団員がロープを伝わってガケを下りていき、死体が見つかったぞという声が聞かれてロープで引き上げられた。死体にすがりついた母親は目にいっぱいの涙を浮かべ、いつまでも抱き締めて悲しみをこらえていた。ワイヤーロープを使い、転落したトラックの引き上げ作業が開始された。通行止めになったためバスや自動車は通れなくなったが、小学生はこわごわと通っていった。

トラックが引き上げられて交通が回復したのは正午近くであり、ようやくバスなどの通行が可能になったので警戒が解除になった。名前も告げずに人命救助に貢献した若者を探すと、旅館に宿泊していた鳶《とび》職人であった。ぶっきらぼうな言葉遣いで一見して、よた者のように見えていたが、勇気ある行動に感謝せずにはいられなかった。町では回覧板を回して人命救助した若者をたたえていたし、署長も感謝状を与える準備をした。

留置人の兄弟が面会にやってきたが、帰るときに持参していたお菓子を差し出した。みなさんで食べてくださいと言ったので断ったところ、先輩が口をはさんだ。このくらいの物ならもらっていいんじゃないかと言ったため、だれも反対することができなかった。人にはさまざまな意見があるが、正しいか正しくないかというより力のある者によって決められる傾向のあることがわかった。

世の中にはこれに似たような現象は少なくなく、社会的な常識のようになっていては容易に改めることはできない。警察官はさまざまな職権を持っており、このようなことは公正な仕事をするために避けたいものである。

飯場には大勢の土工さんが寝泊まりをしていたが、みんな出稼ぎであった。土地の人たちからは酒と女癖が悪いといわれ、悪いことをしている集団のように見られていた。どうしてそのように見てしまうのかわからないが、ここでもよそ者として特別に扱われているらしかった。もし、自分の家族や親類の人がこのようなグループにいたとしたら、同じような見方ができるかどうかわからない。

昼食をとるために食堂にいくと、酒を飲んでいる六十歳ぐらいと四十歳ぐらいの男がいた。聞くともなしに聞いていると、二人とも身内から戦争の犠牲者を出していることだった。年配の男は炭焼きをしており、家には一か月に一回ぐらいしか帰れないという。作業場の近くの集落で火災があったとき、三百円を寄付したとも言っていたがそれは世間話であった。古くなって汚れた衣服を身にまとっており、一風変わった人のように見えていたが心は優しいに違いない。

草津署で取り逃がした犯人が、北軽井沢に現れているとの手配があった。午前九時二十分発の北軽井沢行きのバスに乗り、情報を頼りにして追跡を開始した。バラやススキや名の知れぬ雑草をかき分けながら二度上にいくと、衣服を盗まれたという被害者がいた。服装を変えて逃走している疑いがあり、浅間牧場方面に逃走したとの情報があったので、その方面に向かった。

この一帯は上信越高原国立公園に指定されており、オミナエシ、キキョウ、ハギなど色とりどりの草花が咲き誇っていた。高原の空気を吸いながら追跡をつづけると、新軽井沢駅で張り込んでいた草津署員に逮捕されたと知らされた。

犯人が乗っていた電車に乗り合わせると、盗んだ服を着て後ろ手に両手錠をかけられていた。乗客のなかには指差してひそひそと話す者がいたが、盗んだ犯人だとしても人間として取り扱ってもらいたかった。

＊偽装殺人犯が服毒自殺

駅の周辺で聞き込みをしていると、殺人事件が発生したとの知らせがあった。カメラを持って川原湯の旅館に急ぐと、死亡した女性は布団にくるまっていた。お盆には飲みかけのオレンジジュースがあり、枕元には三枚のトランプが並べてあった。捜査主任の検視が始まり、衣服に乱れがないかどうか調べ、つぎつぎに衣類を脱がせた。それに合わせるように撮影していき、素裸になると八頭身の美人の体があらわになった。白い肌にはわずかに赤紫の色が見られたが、頭部、目、口腔内や陰部などには異常は見られない。死因ははっきりしなかったが、先輩の刑事はこれは殺人に間違いないと言った。

一緒に泊まった男の話によると、風呂から出て部屋に戻ると死んでいたという。男は青酸ソーダを提出し、オレンジジュースに入れて自殺したのに間違いないと言った。届け出が遅れていただけでなく、きちんとした格好で布団に横たわっているなど不審の点が多かった。

二人は三日前に投宿しており、宿泊人名簿には男の氏名のみ記載されており、男の住所は東京で二十二歳となっていたが、そこには該当者はいなかった。女も男も母親にあてた遺書を持っており、一緒に死のうと思ったと言ったが信ずることはできなかった。心変わりしたというより自殺に見せかけて殺した疑いがあり、それを明らかにすることにした。

身辺捜査によって男の年齢は十八歳と判明しただけでなく、前に勤めていた会社では多量の青酸ソーターの被害にあっていたこともわかった。自殺に見せかけて殺した疑いがますます強くなり、検察庁に通報して裁判官の令状を得て群馬大学法医学の教授に解剖を依頼した。旅館の裏庭に仮設の解剖台がつくられたが、わたしの技術では心もとないので地元の写真屋さんに撮影を依頼した。

午後十一時ごろから解剖が始められ、胸元に差し込まれたメスによって腹部が開かれ、胃、腸、肝臓、腎臓などがつぎつぎに取り出された。頭部はのこぎりによって切断され、大脳や小脳が取り出されて無残な姿に変わり果てていった。ふたたび切り口が縫合されたが元の姿に戻ることはなく、解剖が終了したのは午前二時十五分であった。

旅館の一室で目覚めたが、伝わってくる川風に秋を感じるようになった。川原湯温泉は日陰になっていたが、吾妻の川の向こうの斜面は陽光を浴びていた。検事さんを交えて捜査の打ち合わせがなされ、殺人の疑いがあったため若い検事さんの取り調べに立ち会うことになった。

取り調べは静かな口調で始められ、男はいろいろと弁解して容疑を打ち消すのに必死になっていた。死人に口なしというから、ぼくの言っていることが信じてもらえないかもしれませんが、ぼくの言っていることは間違いのないことですと言い切った。どのような話にも検事さんは耳を傾けており、諭すような口調で取り調べがつづけられた。だんだんと弁解に行き詰まり、つぎつぎに矛盾点を追及されると男の態度にも変化が見られた。

殺したことをほのめかしたため、殺人の容疑で逮捕状請求の準備が始められた。昼食になったので保護室に戻され、わたしが監視に当たっていると、男からいろいろ話しかけられた。

この世に亡霊があるんですかと聞かれ、あるかないかわからないが、夢に出ることはあるかもしれませんねと返事をした。すると、ある女の子を好きになったが嫌われており、嫌っている女の子には好かれて悩んでいるのですと言った。

　自殺したとされる女の枕元に三枚のトランプがあったが、それに関係あると思ったが追及できなかった。水を所望されたのでコップの水を差し出すと、苦しい、苦しいと言ってばったり床に倒れた。医師に連絡すると駆けつけて胃洗浄をしようとしたが、そのときにはすでに絶命していた。

　どのようにして自殺したのか原因調査が始まり、男がパンツに少量の青酸ソーダを隠していたことがわかった。わたしの監視が不十分であったことは間違いないが、保護だったから致し方ないのではないかという意見に救われた。

　娘さんの検視や解剖に立ち会ったが、今度は目の前で男に自殺されてしまった。戦争でも多くの人の死を見ていたし、刑事になってからも殺人や自殺や心中などの死に接しており、死がどのようなものかわかっていた。二人とも母親にあてた遺書を書いていたが、いずれも幸福に死んでいきますとあった。女は殺されたから本意はわからないし、男の遺書は偽装と思われたがそれも明らかにできなかった。男の母親が遺体の確認にやってきたため話を聞くことができた。

「息子は頭がよくてませており、大学への進学を目指していたが、夫が経営していた大きな会社が倒産したのです。それでもN子さんにはそのことを話さず、大学を出たと自慢していたようでした。ウソがばれて嫌われるようになってしまい、今度のこともそのことに関係していると思います。すでに夫とは離婚して生活に困っており、遺体を引き取りたいと思ってもできないのです」

このように言って遺体を確認すると泣き崩れてしまったが、引き取り手がないため町の無縁墓地に葬られることになった。人と人の出会いも生き方もさまざまであるが、殺人事件になったためにこれらの事実が明らかになった。

＊形式と実態

ラジオは対日講話条約に触れており、独立国になって世界の仲間入りができると報じていた。たとえ独立国家になったとしてもアメリカの援助を受けなければならず、形式的に独立国家になることができただけである。

警察予備隊がなし崩しに再軍備を始め、吉田首相が国会で戦力なき軍隊と答弁したことが語り草になっていた。各国が平和を口にしているが軍備の拡張をつづけている国もあり、戦争の火種を消すことができなくなっていた。これから日本がどのようになるかわからないため、外国人が書いた本を読むことにし、マーク・ゲイン著『ニッポン日記』やR・ベルディクト著『菊と刀』の上下巻などを購入した。

桜の葉も黄色くなって辺りに秋の風景が漂うようになり、灯火親しむのころになってきた。雨がしとしとと降っており、外に出るのがおっくうであった。夏目漱石著『三四郎』を読み始めたが、なぜか終わりまで読むことができなかった。その原因ははっきりしないが、ことによると若い男女の死に関係があるかもしれない。

きのうでサマータイムが終了したが、山の中では恩恵にあずかった気になれなかった。題にひかれてジュネ著『泥棒日記』を読み、壺井栄著『二十四の瞳』を読んで小豆島に特攻隊の部隊があった当時のことを思い出した。

別荘の管理人から空き巣の届け出があったが、北軽井沢行きのバスは発車したばかりであった。真田行きのバスで嬬恋村の三原までいって草軽電鉄に乗り換えることにし、バスに乗ると中年の酔っぱらいがいた。だだをこねていただけでなく乱暴がひどく、見かねて三原に着いたとき派出所の警察官に引き渡した。

北軽井沢にいく電車の中で顔見知りのフランス文学の学者と会い、話を聞いているうちに駅に着いた。管理人の案内で別荘にいったが、被害にあったのは東京の大学教授であったが九月一日から留守になっていた。窓ガラスが破られていたが勝手に屋内に入ることはできず、外部の指紋や足跡の採取をした。手がかりのない捜査になり、犯人がどこからやってきてどこへ逃げたか浅間山に尋ねたい気にさせられた。

お寺で「講和後の日本」と題する講演会が開かれており、仕事の合間をみて聞くことができた。感心しながら聞いていると、対立する政党を口汚くののしったり、こき下ろしたりしていた。相手の悪口を言って自分の正当性を示しているみたいであったが、世の中にはこれに似た現象は少なくない。自分を立派に見せようとしているのかもしれないが、自らの品位を落としていることには気づかないらしい。

午後三時から四万温泉で捜査会議が開かれることになり、出席する者は吾妻地区の各署の捜査主任と捜査係であった。どうして午後三時なのかわからなかったが、会議のあったのは四万温泉の奥にある静かな一軒の旅館であった。バスを降りてからきれいな水が流れている川に沿って歩き、真っ直ぐに伸びた杉林の山道に出たとき、神秘的なものを感じた。二時半ごろ旅館に着いたが、三時になっても会議は始まらないため囲碁をして時間を過ごした。三十分ほど遅れて始まり、検察官や各署長のあいさつがあったが会議らしいものはなかった。すぐに宴会になっておぜんの上には山菜や川魚などが並べられ、乾杯の合図によって杯のやり取りとなった。どんなにすすめられても酒は飲めないと断りつづけたが、酒に手をつけないために変人と見られた。

目を覚ましたとき多くの人は眠っており、一人で広い浴槽に浸りながら雨に濡れている外の景色を眺めた。トタン屋根に当たる雨や川の流れる音に耳を傾け、自然の営みに酔いしれていた。朝食のときに各自のおぜんの上に一本ずつトックリが置かれ、笑顔を浮かべていた者もいた。わたしは酒好きの同僚に渡し、朝食が済むと解散になった。会議も討論もおこなわれず、捜査会議の名のもとの慰労会であったことがわかった。だれがこのような会議を設けたのかわからないが、反対であっても口にすることはできなかった。

隣村の六合村に出かけたが、このような山奥までやってきたのは初めてであった。ガケの中腹をえぐったような細い道路になっており、自転車を止めて谷底をのぞくと背筋が寒くなる思いにさせられた。

そこを通り抜けると数軒の人家が散らばっており、製材所にいって窃盗参考人の事情を聴取した。みんなが汗びっしょりになって働いているのを見ると気後れがし、聞き込みをするためにたった一軒の温泉旅館に立ち寄った。どこかの視察団の一行が見えており、バスを通すことができるかどうか話し合われていたところであった。

視察団の一行の話は、過疎の村で人口も観光地も少ないし、道路事情も悪いから通すのはむずかしいというものであった。旅館の主人はそれでもひるまず、この奥には川の中に温泉があるし、そこで生そばを食べることができるんですよと主張していた。双方の駆け引きがつづけられたが、道路の改修にばく大な費用がかかるため物別れになったらしかった。帰りがけに食堂で食べた生そばは、いままで味わうことができなかったおいしいものであった。

＊人の見分け方

世の中は法律や規制によって秩序が保たれており、刑法ではさまざまな罰則が設けられている。非行や犯罪少年は補導の対象になっているが、成人は犯罪を犯さなければ処罰の対象にはならない。少年の犯罪が発生すると親の育て方が悪いという非難の声が聞かれたりするが、親の方が悪いということもある。

組織には長幼の序や階級の上下があるし、職業もさまざまで金持ちもいれば貧しい人もいる。幸せに生きようと思っている人は多いが、幸せであるかどうか、だれがどのように決めるのだろうか。表彰されると立派な人といわれるが、人格は物差しで測ることはできない。

出世の早い者ほど学歴や知識があっても経験が少なく、ベテランの部下の指導監督に当たっている。たとえ部下の方が実力があったとしても、上司の指導や命令に従わなくてはならない。上司も部下もさまざまであるが、上司の意見に反対すると使いにくいやつとみなされる。

少しでも人間について知りたくなり、亀井勝一郎著『人間教育』や岸田国士著『日本人とは』やニーチェ著『この人を見よ』などを読んだ。

保線区に勤務している技師が鉄塔に上がって感電死したので急行したが、その場所は長野原町に接近した嬬恋村《つまごい》であった。原因の調査などは国家地方警察ですることになったが、どうして専門の技師が感電死したのか疑問があった。

人間は仕事に慣れてくると初心を忘れる傾向があり、世の中には安全と危険が隣り合わせになっている仕事もある。安全と思っていても条件が変わったりすると、予期できないことに遭遇したりする。本を読んだり人の話を聞いたり映画を見たり、さまざまな経験をしたことが糧になって客観的に判断できるようになった。

捜査から戻ると北軽井沢駐在所から電話があった。あす、別荘の被害者が見えることになったと伝えてきたため、翌日、自転車で出かけた。空き巣の被害者であったが、留守なのでそのままになっていた。奥さんの話によると、夫は大学の教授でアメリカに出張中のため、わたしが来たのですと言った。

清楚な建物の中には家具や調度品は高価と思えるものばかりであり、被害にあったのは寝具類だけだとわかった。家の外の足跡はすでに採取してあったが、屋内の実況見分をして指紋の採取をするなどし、被害書類を作成した。

正午ごろ帰ろうとすると呼び止められ、わたしがつくった料理はおいしいから食べていきませんかと気軽に言われた。自分の料理を自慢する日本人は少ないが、断ることができずに西洋風の珍しい料理をいただいた。帰りがけに山荘の庭に咲いていた美しい葉牡丹を見ることができたし、高原の美しい夕焼けに接することもできた。

当直の勤務についていると、へべれけに酔った公安委員が土足のままやってきた。おい、水をくれと言ったのでコップの水を差しだすと、どうしておれがやってきたのにあいさつができないんだと絡んできた。お前は生意気だぞ、出世したかったらだれにも好かれるようにするんだな言い出した。いつまでもお説教がつづいたため、そのような話はしらふのときにしてくませんかと言うと怒りをあらわにした。署長に言いつけてクビにしてやるぞと捨てぜりふをして立ち去ったが、正気のときと酔っぱらったときの落差が大きかった。正気のときは礼をわきまえることができるが、酔っぱらったときには本音が出るらしかった。

『群像』の十一月号の手紙文章があり、結婚問題について語られていた。人生にとって大きな問題であるが、結婚にいたるまでさまざま過程がある。恋し合っても結婚できないこともあれば、親が決めた、いいなずけと結婚することもある。

恋愛や見合いも一長一短があり、どちらがよいか決めることはできない。恋をしているときには相手のよいところばかりが目につくが、結婚すると生地が出るために幻滅を感じることがある。見合いの場合はどのような相手かわからないが、仲人の話を信用して任せるほかはないとあった。運と不運がつきまとっていることを知ったが、人を見る目が肥えていたら少しは安全な選択ができるかもしれない。

＊見えるものと見えないもの

日本晴れのような快晴であったから雲を見ることもできず、見えるのは太陽だけであった。

空にはたくさんの星があっても昼間は見ることはできないが、晴れた暗い夜になるとたくさんの星座を見ることができる。人は見えるものにはすぐに反応することができるが、見ることも聞くこともできないと気づかないことが多い。犯罪だってひそかにおこなわれており、届け出や聞き込みによって知ったりする。

犯罪があると思料するときは捜査をしなくてはならず、真実の有無を明らかにしなくてはならない。人の恥部に触れることもあれば、秘密にされていた世の中の真実を知ることもあるが、犯罪として検挙されないとめったに公になることはない。

自転車で北軽井沢にいくと途中、道端で座っていた中年の男を職務質問した。顔見知りの共産党員であり、どんなつもりだったかわかないが、党内事情についてさまざまな話をしてくれた。これから党のビラを配りに回るところだと言っており、家庭のことより党活動を生きがいにしていることを知った。

さまざまな組織があるがいずれも党是や規則などにしばられており、はみ出した行動を取れば疎外されるのは明らかである。警察官はさまざまな法令や規則にしばられており、自由が制限されているため、しばしば辞めたいと思った。大宅荘一著『無思想宣言』には個人と組織について語られており、生きがいを求めて警察官をつづけることにした。

贈られてきた本のお礼を言うため別荘を訪れると、著者の米川正夫先生が見えた。奥さんが先生に対し、このお巡りさんは沖縄の勇士なんですと紹介したため、ふたたび戦争やアメリカ軍の捕虜になったことについて話した。

このようなことは先生には珍しいらしく熱心に聞いてくれたため身近に感じ、先生の著書

『トルストイの文学』に新たな興味が生まれた。日本では軍隊でも警察でも階級が絶対的であったが、アメリカ軍には階級があっても個人には垣根がなかった。別荘の著名な学者や作家の話を聞く機会があったが、ここでも一人の人間として取り扱われてきた。

ＮＨＫの街頭録音は警察が民主化されたかというものであったため、ラジオを聞くことにした。斉藤国家警察本部長が民主化について説明したが、それは型通りのものであって感動することはなかった。人権擁護委員や代議士も民主化の警察について話したが、これは立ち位置によったものであったから当たり障りのないものであった。

新聞社の編集長は聞きごたえがあり、世の中にはいろいろな意見の人がいるため調和がとれているのではないかと言った。一般の市民に対しても警察が民主化されたかどうか質問していたが、多くが疑念を抱いていることを知った。それぞれ自分の立ち位置で話していたが、多くの警察官に聞いてもらいたかった。

文化映画と神近市子女史（婦人タイムス社長）と福田赳夫氏（大蔵省主計局長）の講演があったため、時間の都合をつけて聞きにいった。

神近女史の話は「現代の婦人問題」と題するものであり、はっきりした言葉づかいで鋭くえぐっていた。女が最も愛するのは男であり、男が愛するのは女であると言って男女同権を強く訴えており説得力があった。福田氏は「講和後の日本経済について」と題するもので造詣の深さに感心させられたが、選挙の事前運動の匂いを感じてしまった。

年末警戒になっており、午後十時から午前四時まで夜警が割り当てられていた。勤務を終えるや早めに夕食を済ませて床に入ったが、リズムが異なっていたから容易に寝付くことができない。目覚し時計で目を覚ましたが睡眠時間は三時間足らずであり、数キロの坂道を自転車で出かけた。

張り込み場所は駐在所の前の三叉路であり、午前零時から四時までとなっていた。張り込みは人目につかないようにしなければならず、話し合うこともできない。時間が経過するにつれ寒さや眠気が増し、それとも闘わなければならなかった。唯一の救いは星空を眺められることであったが、これは軍隊で教えられた知識が役に立った。

官公庁は年末年始の休暇に入ったが、大みそかには当番勤務が割り当てられて元日は警察で迎えることになった。

小さな自治体警察署はつぎつぎに廃止されており、長野原町の議会でも存続か廃止か論議された。自治体警察がそれなりの役割を果たしてきたが、町のボスに操られたり機動力のなさが指摘されていた。

わたしも町の住人であり、町から給料をいただいていた地方公務員であった。町の人たちに溶け込もうとしてきたが、いつになってもよそ者として取り扱われてきた。来年は間違いなく廃止になり、国家地方警察に移るものと思われる。巡査になって四年が経過したため人や世の中の見方がわかり、多くの人が望んでいたのは戦争や犯罪のない平和な暮らしであった。世の中の役に立つ仕事をしたいと思う気持ちがますます強くなり、自分の生き方をすることにした。

三章　人事異動

＊看守係

長野原町警察署は廃止され、国家地方警察に移ったため勢多地区警察署に配置された。戦災の復興計画によって前橋の市街の様子は大きく変わり、路面電車は廃止されていた。広い道路の真向かいにあったのは、洋画専門の映画館であり絶えず音楽が流されていた。

庁舎はバラックの二階建てであり、留置場はコンクリートの壁に囲われてトタン板が載せられた別棟になっていた。留置場の看守を命じられたが、二人ずつ隔日勤務で一日の休みもなかった。食堂から届けられる食事はお粗末なものであり、寝具なども不衛生であった。それでも苦情の声が聞かれなかったのは、悪いことをした負い目があったからかもしれない。

朝寝坊や夜更かしに慣れている者でも、決まりを守らなければならず、タバコを吸うことも酒を飲むこともできない。もっとも多かったのは窃盗の被疑者であり、ときには手に負えない酔っぱらいが保護されたりした。こそ泥や保護された者はすぐに釈放されたが、常習者や凶悪な犯人になると長期の拘束を余儀なくされた。

暑い夏がやってくると蒸し風呂のようになり、汗だくになっていたがハンカチしか持ち込めない。体が汚れても入浴も制限されていたし、看守は規則通りの勤務につづけて事故を防ぐことであった。

映画館からは音楽だけでなく、せりふも聞こえてくるため、捕虜のときに覚えた言葉と重ね合わせることができた。非番には読書したり映画を見るなどし、「バクダッドの盗賊」や「白昼の決闘」や「シェーン」や「チャップリンの殺人狂時代」などを見ることができた。

幼稚園の園長さんが殺されたため、捜査本部が設置された。刑事が捜査に取り組むようになったため、取り調べる時間が少なくなっていた。退屈していた被疑者のストレスが看守に向けられたが、規則に従わなくても追い出すことはできなかった。

一か月ほどしたとき犯人が警視庁に自首し、逮捕されて護送されてきた。凶悪犯人とは思えぬ優男《やさおとこ》であったが、盗みに入って園長さんに気づかれての犯行であった。両手で首を絞めたとき、にらむような表情をされたことがいつまでも気になり、眠れない日がつづいたため自首したという。盗みは計画的であったが殺人はとっさの出来事であり、正常な判断ができなかったのかもしれない。どんなに悔いてもおこなわれたことは取り消すことはできず、若い男の将来を大きく狂わすものになった。

＊人は平等である

政界ではさまざまなことがあり、衆議院が解散になって第二十五回総選挙に突入した。いままでは有力政党の公認候補の指定席みたいなものであったが、有力な新人の社長さんが立候補した。選挙にカネがかかるといわれているが、激しい選挙戦になって新人は二票差で落選した。

村長さんや県議など双方に多数の違反者を出し、各署に分散留置された。年老いた村長さんが収容されると、新しい寝具や食べ物が差し入れられた。それまでは留置人を呼び捨てにしていたが、人は法の下に平等であるため、すべての留置人に「さん」を付けて呼ぶことにした。村長さんは医師の診察を受けて病気と判断され、一週間で釈放された。

ある日、五十歳ぐらいの恰幅のよい男が刑事に連れられてきたが、職業欄には経済団体の理事長とあった。投資を名目に多くの会員を募っていた大がかりな経済事犯であり、関係者には政治家や実業家などが含まれているという。映画館から流れてきたニュースを聞いて事件の内容は少しわかり、本人に聞かせたくないと思っても防ぐことができなかった。

担当刑事の話によると、捜査課長が参考人の政治家や実業家を呼び出して事情を聴取しようとしたところ、署長に強く反対されたという。数日したときに捜査課長は小さな警察署の次席に転勤になったが、そのいきさつについては知ることはできなかった。上司の指示に従わないと使いにくいやつと見られ、左遷されることは珍しいことではない。左遷と思われていたが栄転という名の転勤であり、このような人事は署長の判断ではできず、何らかの外圧が加わったものと思わざるを得なかった。

ときどき被疑者を押送し、検事さんの取り調べに立ち会うことがあった。すなおに認める者もいれば否認する者もおり、検事さんの取り調べ方もさまざまであった。脅すような言い方をしたり、諭すような取り調べをする者もいたが、いずれも自白を得るためのものであった。

犯罪の事実は証拠によって明らかにすることができるが、自白がないと動機などわからない点が少なくない。どうして犯罪を犯すようになったのか知りたくなり、里見弴著『善心・悪心』や安岡章太郎著『悪い仲間』や植松正著『犯行の心理』などを読んだ。犯罪の原因となっているのが素因や環境に影響しているといわれており、少なからず参考にすることができた。

＊偽証の女性

やがて春を迎えようとしたとき、若い女性が刑事に連れられて留置された。書類の罪名には偽証とあり、二十三歳の団体職員となっていた。留置される女性はいたって少ないため、あちこちから冷やかしの言葉をかけられた。逮捕されたことが大きなショックになっていたらしく、緊張の表情を変えることはなかった。夕食を差し出しても手をつけようとせず、何を尋ねても無言であったから何を考えているかもわからない。

捜査課長の取り調べのとき立ち会うことがあったが、かたくなに否認をつづけていた。他の警察署に留置されていた二人の男性の共犯者も否認しているため、容易に事実を明らかにすることができない。選挙違反の容疑で逮捕されたとき、買収の事実を認めたため起訴されたが、公判になってから否認に転じたといわれている。そのいきさつはわからないが、買収ではなく金銭の貸借であって警察で自白を強要されたと主張しているという。

偽証であることが明らかにならないと選挙違反も無罪になる可能性があり、警察や検察のメンツにかかわる重大な問題であった。自白を得ようとしても強要されたことが争点になっていたため、取り調べは慎重におこなわれていた。

女性に食事をすすめたりお茶を入れたりしたが、それはあくまでも看守としての立場であった。取り調べのないときには留置場内で過ごさなければならず、時間を持てあますようになったらしかった。本の差し入れを求めてきたので捜査課長に取り次ぐと、否認しているし、証拠隠滅のおそれがあるとして拒否された。

再勾留になったとき、ふたたび月刊誌の名前をあげて本の差し入れを求めてきたため、望みをかなえてあげたいと思った。ふたたび課長に申し出ると、前回と同じ理由で断られたため、書店から取り寄せるか、わたしが買ってきたらそのおそれはなのではないですか、と言った。拒否する理由が見当たらないらしくしぶしぶと認めたため、買ってきた月刊誌を手渡すと、鼻に近づけて匂いをかぎ、おもむろにページをめくった。

その後も課長の取り調べに立ち会うことがあったが、代議士が署長のところに見えたので課長が呼ばれて席をはずした。女性から本の差し入れのお礼を言われたが、わたしも同じ月刊誌を読んでいたから話がはずんだ。看守の立場を忘れて話し合っていたとき、改まった表情になって話しかけてきた。わたしはこれからどうなるんでしょうかと聞いてきたが、それには答えることはできなかった。わたしはどうしたらよいのでしょうかと聞かれ、だまっていられなくなった。

「わたしが知っているのは、あなたが偽証の疑いで逮捕されて取り調べを受けていることだけです。否認していることが正しいかどうかはわからないが、あなたにはほんとうのことがわかっているのではないですか。他人にウソをついてだますことはできますが、だれも自分をいつわることはできないんです。人にはさまざまな事情があってほんとうの話ができないこともありますが、どうしたらよいか、あなたが考えればよいことなんです」

このようなに話すと神妙に聞いていたが、いろいろと考えているらしく口を閉じてしまった。

捜査課長が戻ってきてふたたび取り調べをしたが、そのときも考えていたらしく口を開こうとしなかった。やがて決意したらしく話し始め、偽証していたことを認めるようになった。どうして自供するようになったか課長には見当がつかないらしかったが、自供の供述調書がとれたことがうれしいそうだった。

勾留期間が満期になると女性は処分保留で釈放されたが、二十二日間の拘束された時間は苦痛だったに違いない。偽証の疑いで逮捕されている仲間がどのような供述をするかわからないが、女性の供述が正しいとしても仲間を裏切ったことになる。女性は職場に戻ることになると思われるが、どのように取り扱われるかわからない。いつまでも、つまはじきされるようになれば、組織そのものが腐ってくることになる。

一年に満たない留置場の看守であったが、多くの被疑者に接して犯罪者の心がわかるようになった。公金横領で捕まった被疑者はやさしい顔をしており、絶えず家族のことを心配していた。恐喝で捕まった暴力団員は入れ墨を入れており、一見してヤクザとわかる面魂《つらだましい》で言葉づかいも乱暴であった。詐欺で捕まった男は静かな口調でしゃべっており、罪名によってそれぞれの特徴のあることを知った。

強盗殺人で自首してきた若い男には悔いの気持ちが強いらしく、しきりに反省の言葉を口にしていたが、おこなわれてきたことを取り消すことはできない。世の中には犯罪者を前科者として特別に扱う傾向があるが、どのような犯罪者であっても、人間であることには変わりがないことを実感することができた。

西部劇を見るようになったのは、保安官の活躍と警察の仕事が似ているところがあったかもしれない。映画は毎週のように替わっており、「欲望という名の列車」や「第三の男」や「巴里の空の下セーヌは流れる」などの映画を見ることができた。読書する時間も十分にあったため、カフカ著『変身』や清水幾太郎著『社会的人間像』や亀井勝一郎著『我が精神の遍歴』やリルケ著『マルテの手記』などを読んだ。

＊鑑識係

鑑識係に配置換えになったとき、カンの捜査から科学的捜査へ移行する過渡期であった。勘というのは罪を問いただすことであり、感は心を動かすことであるが、カンはよくないとされていた。現場は証拠の宝庫とか捜査は現場から始まるといわれており、ベテランの刑事によると、犯行現場を見ただけでだれの犯行か見当がつくといわれていた。

鑑識の仕事が重要を増すようになったが、現場には目で見ることができる足跡も目に見えない指紋などもあった。足跡だってだれが履いていたか明らかにするのは簡単ではなく、指紋は犯人を特定することができても、犯罪歴がないと割り出すことはできない。撮影もしなければならなかったが、技術は整っていなくても失敗が許されなかった。プロといわれている人だって初めは素人であり、上野正吉著『犯罪捜査の法医学』や木村亀二著『刑法と社会』

などを読むなどして試行錯誤を重ねることにした。

検視はおもに捜査主任によっておこなわれており、補助しているうちに自他殺の見分けができるようになった。人が死ぬと心臓や肺臓が停止し、顔面が蒼白になったり体温が冷却するようになる。さらにすすむと死斑が現れたり腐敗していくため、それらの死体現象によって死後の時間を推定することができた。

自殺を殺人に間違えるならともかく、殺人を自殺と判断するととんでもないことになって取り返すことができない。遺書があるから自殺と決めつけることはできないし、絞められているから殺人と判断することもできず、総合的に判断しなければならなかった。

梅雨が明けたある日、赤城山の中腹で学生服を着た変死体が発見された。現像を中止して捜査主任の検視の補助をすることになり、駐在所に急いだ。死体を発見したのは林業の人であり、村の医師が見えたので出かけたが、急ぐために難コースの近道を通ることになった。捜査主任は山道が苦手のようだし、わたしは照明器具やカメラを持っていたから足取りは重かった。

学生服の死体は空を見上げるように仰向けになっており、検視を始めるに当たって合掌をした。男がかぶっていた学生帽にはY大学の記章がついていたが、学生服のボタンは別の大学のものであった。遺書もなければ身元を明らかにできるものは何一つなく、ポケットにあったのはバラ銭の入った財布と文庫本だけであった。腐乱していたから服を脱がせるのも容易ではなく、裸体にして検視に合わせて写真を撮った。捜査主任が頭部から足の先まで入念に調べたがどこにも異常は見られず、身元を明らかにするため死体の指紋をとった。犯罪歴があれば身元を割り出すことができるが、それは期待することもできない。

付近の草むらを探すと空になった睡眠薬の瓶が見つかり、自殺に間違いないと思われた。文庫本にはところどころ赤線がひかれていたが、手がかりになるものは見当たらない。捜査主任がこんな本を読むから自殺するんだと、吐き捨てるように言ったとき、わたしも『哲学の慰め』を読んだことがあったから人ごととは思えなかった。

初夏の日は長いといっても、すでに太陽は山陰に姿を消していた。西の空があかね色に染まっており、りょう線がはっきり浮かび上がってきた。すそ野に開ける街の灯りもぽつりぽつりと見え、時間の経過とともに数が増していった。雲一つない空を見上げると星が見えるようになり、太陽が沈むのを待っていたかのように月が姿を見せた。月明かりを頼りにして駐在所に戻ったときにはとっぷり暮れており、身元がわからないため村役場に連絡して引き取ってもらうことにした。

＊捜査係

鑑識によって科学的捜査が大切なことがわかったが、すべての自治体警察が廃止になって戦前と同じように警察の組織が一本化した。どれほど民主警察が根付いていたかわからないが、大きな人事異動がなされて初任地の前橋警察署に配置になった。捜査係になってデカ部屋に入れられたが、デカ長以下二十数名の刑事がいた。壁には大きなグラフが掲げてあり、個人の検挙成績が表示されていたから、一見しただけで優劣がはっきりした。点数制度に批判的であったが組み込まれ、聞き込みをしながら情報収集に努めたが地理不案内であった。

質屋さんや古物商の人たちから情報を得ようとしたが、先輩の刑事とのコネがあったから割り込む余地はなかた。ある質屋さんにいくと、お茶とお菓子を出してくれたが、お茶だけいただいてお菓子には手をつけなかった。

「うちには刑事さんや交番のお巡りさんが見えますが、いままでお菓子に手をつけないのは二人だけですよ。一人は腹を壊しているといい、もう一人はお茶さえ手をつけようとしないんです。お菓子を出したからといって、特別にめんどうをみてもらいたいと思っているわけではないし、どうして遠慮なさるんですか」

「巡査になったとき、お茶以外はごちそうになるなと教えられたのです。堅苦しいことは嫌いですが、身も心も清廉でなければならないと思っているんです。だれがどのようなことをしているかわからないが、人のまねはしたくないし、自分で考えている一線だけは超えないようにしているだけなんです」

このように話すと、刑事さんは警察官らしい警察官ですねと言われた。上司からは警察官らしい警察官になれと発破をかけられており、同じような言葉であったが、わたしは警察官らしくない警察官になることを心がけていた。それぞれの思いは異なっていたが、このことがあってから、おかみさんに信頼されるようになった。

窃盗犯人の検挙に協力してもらうことができたし、創意工夫をこらしては捜査に従事したが検挙成績を上げることはできなかった。刑事の適性がないと見られたのか、それとも事務に向いていると思われたのかわからないが六か月ほどで捜査内勤になった。

自分で捜査しているときには気がつかなかったが、他人が作成した報告書や供述調書を目にすると誤字や脱字が目についた。おもしろいのは、ずさんな捜査をしていると思われる刑事の書類が整っていたり、きちんとした捜査をしている刑事の書類に不備が見られたことだった。一緒に捜査をしたからその違いがわかっていたが、絶対にあってはならないのは、いいかげんな捜査をして書類を整えることであった。

　上司は報告書を見たり報告を受けたりしているが、現場の状況をもっとも知っているのは第一線の刑事である。報告を受けた上司もさまざまであり、実情を熟知していないとチェックがおろそかになったりする。

　警察官のつくった捜査書類は証拠価値がないとされているが、検察官はその書類に目を通して取り調べをする。捜査して証拠によって裏付けられ、逮捕状を得て逮捕して取り調べになる。自供する者も否認する者もいるが、身柄を送られて検察官の取り調べとなる。

　否認していると事実を認めないとされているが、それが真実かどうかを知っているのは本人のみである。いずれにしても起訴か不起訴になり、起訴されれば有罪か無罪か公判で争われる。物品であれば鑑定によって真偽を明らかにすることができるが、書類や言葉のウソを明らかにするのは簡単なことではない。

　日本のマグロ漁船がアメリカの水爆実験で被爆し大きな問題になると、武谷三男著『死の灰』を読んで放射能の恐ろしを知った。だれが水爆実験をしたか明らかになったとしても、これが処罰の対象になるかわからない。

　元日に強盗事件があり、休みなしの捜査がつづけられた。現場に残された地下足袋の足跡により、一週間後に逮捕となったが、まじめな青年と見られていた。裕福な農家の長男であったが父親がケチであり、会計を担当していた青年団の金を使って競輪にのめり込んでいた。新年の会計報告ができなくなり、帳尻を合わせるための犯行であったが、逮捕されたとたんに悪者扱いにされてしまった。

世の中には悪いことをしても逮捕さない者がいるが、刑事法令に触れなかったり、証拠がつかみきれないかぎり捕まることはない。人はふだんの言動を見て人物評価をしているが、これだって人によって見方が異なっている。

＊勤務評定

毎日のように新聞記者が取材にやってきたが、俗に「サツ回り」と呼ばれていた。ベテランの地方の記者もいれば、大学を出たばかりの新米もいたが、なぜか署長や幹部は記者には低姿勢であった。ベテランの刑事の話によると、警察内部の不正を暴かれたくないからだと言っていたが、それが当てはまるかどうかはわからない。

大きな事件が発生すると捜査幹部によって記者発表がなされたりするが、捜査に支障がある部分は伏せられることが多かった。捜査を開始した当初の発表に誤りがあっても、訂正の発表をしないこともあれば、発表しても取り上げない新聞もあった。複雑な事件になると取材も容易ではなく、それでも速やかに報道しなければならないため十分な裏付けがとれなかったりする。

各新聞を読み比べるとその違いがわかるようになったが、一紙だけ読んでいたときには気がつかないことであった。記者の能力の違いもあれば新聞社の方針もあるため、同じ事件を取り扱っていても報道の仕方が異なったものになっていた。これらのことを裏付けたいと思い、土屋清著『新聞』を読んで少しは納得することができた。

　警察では年に一回、勤務評定を実施し、昇任試験や人事に役立てるようにしている。上司に信頼されているのは仕事ができて従順な部下であり、意見を言ったりすると使いにくいやつを見なされる。もっとも嫌われているのが不祥事を起こすおそれのある部下であり、監督責任を問われるだけでなく出世の妨げになるからであった。

　警察官の多くが立身出世を望んでいるが、昇任するためには試験に合格しなくてはならない。合格者の圧倒的に多いのは本部勤務員であり、駐在勤務の巡査や刑事で合格する者はめったにいない。試験問題を出すのは本部の部課長であり、上司の中には部下から一人でも多くの合格者を出したいと思っている者もいる。昇任試験があるたびに問題が漏れたとのうわさが流れているが、その根拠を知ることができない。

　昇任よりも社会勉強がしたかったため、交番勤務を希望していたが、昨年は受け入れられなかった。防犯課の同僚の話によると、転勤の希望を記入して課長に提出したところ、おれの下で働きたくないのかといわれて取り消したことがあると言う。所属長の胸三寸で人事が決まるとされていたため、だれも上司の意見に反対できなくなっていた。お中元やお歳暮は社交的な儀礼の範囲とされているため、署長にお歳暮を贈る者がいても不思議ではない。

　勤務評定カードの表面の本籍や氏名や希望欄は本人が記入し、裏面の勤務態度などは所属長が記入することになっている。昨年のようになりたくなかったため希望欄はすべて空白のまま提出すると、書き忘れたものと思ったらしく書き入れて提出するようにいわれた。昨年の勤務評定カードの希望欄に交番と書いたが受け入れてもらえず、書いても無駄だと思ったのですと返事した。その言い方が気に食わなかったらしく、上司はむっとした表情をして部屋を出ていった。

だれがどのように話し合って決めたかわからないが、それから一週間したときに小規模の署内の人事異動があり、希望通りに交番に配置された。警察内部のことをもっと詳しく知ろうと思って広中俊雄著『日本の警察』や伊藤永之介著『警察日記』を読み警察の歩みを知ることができた。

第四章　交番勤務

＊ふたたび交番勤務

ふたたび交番勤務を命じられたが、初めてのときから七年が経過していた。管内には繁華街や官庁などがあり、一番忙しいとされていた。社会情勢も大きく変わっており、労働基準法が制定されて週に一回の休日があった。

交番には六人の巡査がおり、二人ずつ当番、非番、日勤のくり返しになっていた。幹部からは、交番の巡査は街頭の裁判官みたいなものだと指示された。交通や各種の違反の取り締まりに当たっても、その場で判断しなくてはならない。成績を上げようとしている巡査は検挙を優先し、予防に力を入れる者は説諭にする傾向があった。

日勤のとき案内簿を携えて受け持ち区域の各戸をめぐり、最初に訪問したのは洋服屋さんであった。町内の様子についてさまざまな話をしてくれた。六世帯が住んでいるアパートにいった。狭い二つの部屋で六人が暮らしており、主人が日雇いをしているという妻は生活が苦しいと言っていた。初対面なのに夫の悪口を言っていた若い妻もいれば、雨漏りに悩まされている家庭もあった。病人を抱えていたが医療費の支払いに四苦八苦している家もあり、人がどのような暮らしをしているかわかるようになった。これからも巡回連絡をつづけなければならないが、どんな出会いがあるかわからない。

山の中の暮らしはわかっていたがもっと世の中のことを知りたくなり、川島武宜著『日本の社会と生活意識』や樋口幸吉著『悪の生態・日本人にひそむ犯罪の心理』を読んだ。仕事に役立てようと思って戒能通孝著『法律』や末川博著『法と自由』を読んだり、警察幹部が書いた『巡査の哲学』にも目を通した。

都市対抗野球の北関東大会の予選が敷島球場で開かれ、六人の同僚と警備についた。

第一試合は富士重工と全鹿沼の対戦であったが、延長戦にもつれ込んで全鹿沼のサヨナラ勝ちとなった。第二試合は予定より遅れて始まり、高鉄と日鉱との対戦となったが、日鉱が大量得点をして楽勝した。第三試合の全桐生と東京電力は乱打戦となったため、試合時間が大幅に延びてしまった。第四試合は地元の全前橋と強豪の日立との対戦となったため、球場は満員の盛況であった。四回までは全前橋がリードしていたが、五回表に先頭打者に安打され、つぎの打者に三塁打されて同点とされて観衆のため息が漏れた。その直後に中犠飛を打たれ、三塁の走者が本塁にすべり込んで逆転された。監督がタッチアップが早すぎたとして抗議したが受け入れられず、観客が騒ぎ出した。すると今度は、ホームにすべり込んだときアウトではないかとの抗議となると騒ぎはさらに大きくなった。観客がグランドに下りようとしたとき出動が予想されたが、指揮官はいなかったから、どのようにしたらよいかわからない。かたずをのんで見つめていると、係員に制止されて大きなトラブルにはならなかった。

試合は引き続いておこわれたが、暗さが増すと珍プレーが生まれるようになった。七回の裏になると外野への簡単な飛球を落とすようになり、継続が困難になって審判からコールドゲームが宣告された。投手が投げる一球ごとに球審はストライクかボールを言い渡し、打者が一塁に駆け込むと塁審がセーフかアウトか宣告していた。きわどいものも少なくなかったが、一つのアウトやセーフがすべて試合の勝敗にかかわっていた。

野球場の警備について知ったのは、審判の責任が重いだけでなく公正でなければならないことだった。交番の巡査の仕事にも通じたところがあり、公正な職務の執行を心がけることにした。

＊キャンプ場の暴力団員

谷川岳の山開きには六千人が押しかけ、ヒマラヤのマナスル登山に成功したと新聞が報じていた。登山ブームの幕開けとなったこの夏、赤城山の大沼の湖畔にキャンプセンターが設立された。交番の巡査が交代で警備に当たることになったが、宿舎が未完成であったから日帰りの勤務であった。

七月二十日に始発のバスで出かけたが、終点の峠で降りたのはキャンプセンターで働く県の女子職員と日赤の看護婦さんであった。峠から湖畔までの道路は工事中であり、昨夜のどしゃ降りの雨でどろんこ道になっていたため、女性はためらってしまった。手をにぎることさえ抵抗があった時代であったが、はだしになろうとしたため勇気を出して声をかけて代わる代わる背負って数十メートルを歩いた。

朝のうちに大沼の湖畔をめぐり、小沼まで足を伸ばすと人影はまったくなかった。山の空気を独り占めにしてから大沼の湖畔に戻り、周辺が見渡せるベンチに腰を下ろしてポケットから本を取り出した。入れ墨をした若い体格のよい二人が見え、お巡りさん、モク（タバコ）があったらくれないかと話しかけてきた。タバコは吸わないがどこの身内ですかと尋ねると、モクがないんじゃ用はねぇやといって立ち去った。

太陽が雲間に隠れると急に気温が下がり、足早に雨雲がやってくると雨をまき散らした。湖上のボートは競うように発着所を目指し、広場にいた人たちも売店の軒下で雨宿りした。わたしも店の軒下から流れていく雲を眺めたり、湖面に落ちる雨粒を見つめたりした。激しい雨が湖面をたたくと雨粒がしぶきをあげ、雨が止むと静かな湖面に戻り、風が吹くとふたたび湖面が揺れた。太陽に照らされたかと思うと雲に遮られたりしており、湖面という舞台でさまざまな表情を見て自然のいとなみを知ることができた。

やがて太陽がりょう線に姿を消して最終のバスの時間が迫まり、帰る準備していたとき旅館の息子さんが見えた。入れ墨をした二人のヤクザがアイクチを持っているから気をつけてくださいよ言った。帰ることができなくなって最終バスの運転手さんに言付《ことづ》けを頼んで引き返すと暗くなっており、あちこちにキャンプファイヤーがたかれていた。

小さな男は見えなかったが、背の高い男がアイクチを振りかざして大勢の人が遠巻きに眺めていた。右手にした警棒を隠して何気ない素振りをして近づき、アイクチを振り回していたので危険だからよこしてくれないかと言った。ふざけるない、取りたかったら腕づくで取ったらどうなんだとタンカを切って食ってかかってきた。

アイクチを振りかざしたので警棒でたたき落とし、逮捕術の要領で取り押さえた。大声で警察の悪態をつき始めたが、見せ物にさせたくないために物陰に連れていった。いままでの威勢を忘れたかのように両手をつき、勘弁してくださいと言って平謝りに謝った。取り押さえた男をどのようにしたらよいか迷っていたとき、様子を見ていたらしく旅館の息子さんが見えた。山の中に営林署の出張所があり、そこに専用の電話があるから連絡してあげますよと言って出かけた。

結果を待っていると工事用のトラックが見え、事情を話して荷台に乗せてもらうことにした。車が走り出すとパンツ一つになっていた男は寒さに震えだしたため、携帯していた雨合羽をかけてやると、ありがとうと言った。

山から下りて最初の集落に差しかかったとき、赤色灯をつけてサイレンを鳴らしながらパトカーが上ってきた。止めて話を聞くと、警察官がヤクザに乱暴されてけん銃を奪われたとの知らせでやってきたという。すぐに無線で事実を伝えて一人の犯人を逮捕したことを報告し、住所や氏名や年齢などを告げた。恐喝の容疑があったためパトカーはもう一人の犯人を捜すため湖畔に向かい、本署に着いて身柄を幹部に引き渡して逮捕手続書などを作成して、その日の仕事を終えた。

翌日の新聞の地方版には、「警察官が殴られ、けん銃を奪われる」との大きな見出しの記事になっていた。犯人が逮捕される以前であればこのような見出しに納得できたが、内容には逮捕した被疑者の住所や氏名が載っていた。明らかに見出しと内容が異なっていたが、どうしてそのようになったのかわからなかった。

その後も訂正の記事を見ることができなかったため、記事を書いたと思われる記者が交番に見えたとき、そのことをただした。締め切り間際に警察官がけん銃を奪われて乱暴されたとの一報をしたが、逮捕したことがわかったので追加の記事を送ったんだ。すべてを訂正する時間的な余裕がなかったため、あのような記事になってしまったんだと言ったが、記事が訂正されなかったことには触れなかった。

＊非番の日

交番の勤務でもっとも忙しいのは、晴れた土曜日の晩であった。月末の給料日であったから酔っぱらいのトラブルが多く、一時間の睡眠しかとることができなかった。交代の直前になって忍び込みの被害届があり、被害書類をつくったり実況見分をするなどした。勤務表を提出してから下宿に戻ると十一時になっており、午後一時から競輪場の警備が割り当てられていた。食事をしてすぐに床にはいり、おばさんに起こしてもらったが容易に布団から抜け出すことができない。非番に勤務を命じられても手当てが支給されず、さまざまな疑問が脳裏をかすめたが、いままで上司に訴えることができなかった。

「土曜日には窃盗の被害の届け出や酔っぱらいのケンカがあり、一時間ほどしか眠ることができなかったのです。けさも被害の届け出があったので競輪場の警備を免除していただけませんか」

意を決してこのように訴えると、つれない指示であった。

「交番に勤務してぐっすり眠ろうと考えることが間違いなんだ。眠いから警備を免除してくれといわれたんじゃ、非番にはだれも使えなくなってしまうじゃないか。どのような事情があっても免除することはできないぞ」

　このような言い方に腹立たしいものを感じたが、限界があったためにいやいやながら出かけた。

　日曜日で快晴であったし、給料日の直後であったから競輪場はかなりのにぎわいを見せていた。最近は家族連れが目立つようになり、観客は年々増加の傾向にあるといわれている。そのためかギャンブルにのめり込んでしまう人も多く、窃盗や詐欺などの犯罪も多くなっている。どの新聞も競輪の予想を載せていたし、予想屋も大きな声を張りあげていた。予想がどれくらい当たるかわからないが、またまた大当たりという声が聞こえた。ギャンブラーのなかには予想屋のことを逆さに読んで「うそよ」という者もいるが、これが賭けの妙味なのかもしれない。

　警備の警察官は車券を求めることができず、スリなどの予防に努めた。たびたび競輪場の警備にやってきていたため、ギャンブルにまつわるさまざまな話を聞くことができた。一度でも大穴を当てるとふたたび穴ねらいをし、もうかるともっともうけようとし、損をすると取り戻そうとするからやめられなくなるという。ギャンブル依存症になると資金を必要とし、犯罪に走る者がいることもわかっていた。

　非番の日は夕方まで眠ってしまったり、読書したり映画を見ることが多かった。夕食を済ませて自転車に乗って街に出かけたが、警らしていたときの町並みと同じであったが趣を異にしていた。下駄履きであったから巡査と見られることもなく、映画館の裏通りにいくと二人の若者が言い争いをしていた。立ち止まって眺めていると、入れ墨をしたヤクザと思える男が近寄ってにらみつけ、おまえはどこのだれだと食ってかかってきた。どこの身内に見えますかと言うと、名乗ったらどうなんだと怒鳴った。交番の巡査だけれど文句があるのかねと言い返すと、失礼しましたといって逃げるようにして立ち去った。

五十円のコーヒーを飲みたくなり、映画館の前の喫茶店にいった。木曜日であったがかなり混雑しており、奥の席が一つすいていたので腰を下ろした。席についていた男に話しかけられたため、コーヒーを飲みながら話をすると意気投合した。警察官であることを告げると、男の雲行きが急にあやしくなった。

「警察官はみんな横柄で威張り腐っており、どうしても好きになれないね。刑事の職務質問を受けたことがあったが、犯人扱いされたことがいまだ忘れることができないんだ」

「あなたがいうような刑事や警察官がいることは認めますが、すべての警察官というのは言い過ぎではないですか」

「警察官だから刑事の肩を持とうとしているが、犯人扱いされた者がどんな気持ちにさせられるかわからないんだ」

いままでのうっぷんを晴らすかのように警察批判がエスカレートし、言いたい放題の悪口を口にしていた。警察官におべっかを使う人より正直のように思えたが、言い方に反発を覚えたので言い返した。

「仕事を通じて多くの人に接しており、人の見方がわかるようになったのです。あなたは正直であるかもしれないが、謙虚な人とは思えませんね。さまざまな警察批判をしていますが、一部にはあなたにも当てはまるのではないですか」

このように話すと、いままでの能弁が影をひそめて何か考えているようだった。どのように受け止めたかわからないが、一言も発することなく会釈をして出ていった。

＊署長訓示は努力

警察は月曜日には朝礼があり、各月には定期の召集日があった。署長の訓示があったり、柔剣道や逮捕術などの訓練があったりしていたが、来月は盗犯捜査強化月間になっていたため、そのことに重点がおかれた。最初に署長の訓示があり、黒板に大きく「努力」と書いて話し始めた。

「来月は県下の盗犯捜査強化月間になっており、一致団結して県下一の成績を上げようではないか。先般の県下の柔剣道大会に優勝できたのは、ふだんの努力のたまものなのだ。おれは巡査になったときからだれにも負けまいと努力し、一生懸命勉強したから同期では一番早く署長になることができたんだ。おれのようになんでも粘り強くやればどろぼうを捕まえるのもうまくなるし、出世することもできるんだ。聖人君子といわれている人だって才能だけで偉くなったわけではなく、みんな努力をつづけていたと思うんだ。何事もよい成績を上げようと努力すれば成功できるが、怠けていると一生巡査で終わることになってしまうんだ」

努力することがよいことであっても、あまりにも自慢話が多すぎた。どんなに勉強してもだれでも一番になれるわけではないし、一番になったからといっても立派とはいえない。昇任試験だってどれほど不正があるかわからないし、勤務評定だって所属長の胸三寸によって決められている。話だけでは署長がどのような歩みをしていたかわからないが、怠けていると一生巡査で終わってしまうんだと言ったとき見識と人格を疑ってしまった。

つぎに捜査課長が組織捜査と題して話を始め、いままでは刑事のカンに頼る捜査が多かったが、これからは組織捜査を大事にしなくてはならないと言った。点数制度をなくせと言う者もいるが、そのようなことをすると捜査意欲が減退してしまうため、今回も検挙成績の優秀な者を表彰することにしたと言った。

組織捜査と点数制度は考え方もやり方も異なっており、その矛盾には気づいていないようだった。各課長の指示も署長の訓示に沿ったものであり、警察の成績を上げることに終始しており、交番の巡査もノルマが課されていた。休むことができなくなっていたが、とくに成果を上げることはできなかった。

巡回連絡にいくと年寄りが留守番をしていたり、カギがかかっていたりした。家庭の様子も職業によって変わりがあり、サラリーマンの家庭にいくと、見たことのある風景の油絵が部屋に掲げてあった。娘さんに尋ねるとパリのモンマルトルだといい、都内の美術館にいったときのことを思い出した。お巡りさんは絵をお描きになるんですかと聞かれ、絵は描かないけれどカメラが好きなんですと言った。美術に興味があったし、絵とカメラに共通するところがあったので話がはずんだ。

この女性は絵画教室に通って絵の勉強をしているといい、帰りがけに交番に見えて話をすることがあった。どんな理由かわからないが話し合っていたとき、わたしは近く結婚するんですと言った。仕事を通じて多くの人と出会っているがほとんど一過性のものであったが、この女性は忘れることができない一人になっていた。

五か月前に両親に会いたくなり、中国から帰ってきたという女性から相談を受けた。眼の治療にやってきているが、遠くからやってくるために旅費がかさむというものであった。このような相談は初めてであったが、なんとか助けてあげたいと思って懇意にしていた旅館のおかみさんに事情を話した。仕事を手伝ってもらえれば泊めてあげると言ったため、そのことがきっかけになって中国の現状について話してくれた。

大連に十八年ほど暮らしていたとき終戦になり、現地の中国人と結婚して工場で働いていたという。不平や不満をいうと自己反省させられ、国家目的を達成のために強制労働させられるとも言った。その話を聞いて中国のことが知りたくなり、竹内好著『現代の中国』や岩村三千夫著『中国現代史』や平野義太郎著『中国』を読んだ。

＊真夜中の不審な女

昼間は巡回連絡をしたり、職務質問や交通違反の取り締まりなどして人との出会いがあった。夜間に入ってからいくつかのトラブルがあったが、犯罪として取り扱うものはなかった。二階の仮眠室で布団に入ったが一時間の仮眠で起こされ、見張りについたとき交番の前を通り過ぎた人影があった。不審に思ったので外に出て眺めると髪を長く垂れた若い女性であり、酔っているらしく歩くたびに小さな体が左右にゆれていた。どこにいくのかわからないため、なだらかな坂で追いついて声をかけたが何も語ろうとしない。自殺かもしれないと思うと追尾がやめられなくなり、どのように言葉をかけても返事がない。教会の前にいったとき冷たいアスファルトの道路上にひざまづき、教会の建物に向かって十字を切った。お祈りをする人は自殺しないという本を読んだのを思い出し、後をつけるのを打ち切ろうと思った。

引き返して利根川の方に向かったので尾行をつづけ、どこまでいくのですかと尋ねた。群馬大橋ですと言って初めて口を開き、橋の上に出ると冷たい風がほほに吹きつけて肌を刺すようになった。橋の中央までいくと立ち止まり、欄干にもたれるようにして川面を眺め始めた。自殺されないように近寄ると欄干から離れたが、こんどはアーチを背にしゃがんで何かを考えているらしかった。寒くないですかと声をかけると、すみませんといい、それをきっかけにぼつぼつと身の上話をするようになった。

群馬大橋が恋人と語り合った思い出の場所であり、恋に破れてやけ酒を飲み、憂さを晴らすためにやってきたという。教会の前で十字を切って頭をさげて別れを告げ、自殺しようと思って利根川にやってきたと言った。

女の後をつけ始めたとき、どのようになるかまったくわからなかった。話をすることによって悩みを発散しているらしく、いつまでも後をつけられ、自殺することもできなかったとも言った。

恋に破れた人の気持ちは経験しないとわからないが、わたしも似たような経験をしていたから理解することができた。相づちを打ったり慰めの言葉をかけたりしていたが、連絡なしに交番を空けてきたのが気になっていた。遅くなったから帰ることにしませんかと声をかけ、女の悩みを聞いたりアドバイスするなどした。

「生活が苦しくなったり、生きることに絶望して自殺する人もいますが、それに打ち勝って生きている人はたくさんいるのです。恋に破れない方がよいかもしれないが、人はいろいろのことを経験することによってより美しくもなれば、たくましくもなるのではないですか」

このような話をしているうちに交番に戻り、別れるときに言葉をかけた。一つ一つの苦しみを乗り越えてこそ、そこに生きるよろこびを見つけることができるのではないですかと話したが、それは自分に言い聞かせている言葉でもあった。

歳末にはひんぱんに夜警が実施されたが、交番の勤務員は非番に割り当てられていた。午後十時から翌日の午前五時までの夜警になっていたが、零時から午前三時までが張り込みであった。それは寒さに耐えて睡魔との闘いみたいなものであり、終了する間際に自転車の荷台に荷物を積んだ男が見えた。

職務質問をすると会社の荷を運ぶところだと言ったが、納得することができずに追及した。給料が遅配になって生活に困り、仲間と二人で勤め先の倉庫から作業衣を盗んだことを自供した。会社の関係者の話を聞いて間違いないことがわかり、二人とも刑事によって逮捕されて取り調べを受けることになった。生活するためにやむを得なかったのかもしれないが、逮捕されてどのように思ったかわからない。

＊雪の夜の警ら

新年になると福袋が売り出され、寒さのなかで客は行列をなしていた。安い買い物をしたいと思っている人たちであったが、商品に値が付けられているわけではなかった。福袋は大きくても安いか高いか品定めすることができず、使い物にならなければ高い買い物をしたことになる。時は金なりと言われており、時間の使い方が大切であるが金銭のように計算することはできない。

新潟県の弥彦神社の惨事が大きく報じられ、死者は百二十四名で負傷者は三十数名とのことであった。警備の不備を伝えていたが、このような事故を防ぐのは警察の仕事であった。昨年は皇居前の広場で惨事が起きており、原因の調査と予防措置が講じられた。

弥彦神社の初詣は毎年おこなわれてきたが、いつも安全であったとはかぎらない。事故が軽微だと報告もなく見過ごされたりするが、これが前触れみたいになっていたりする。事故が起きると大きな騒ぎになるが、事故を防ぐことが大切であっても、予防の効果は表に現れないため評価されることが少ない。

警察にかぎらす出世の早い者はひんぱんに異動しており、知識があっても経験がともわない。そのために実態に即応することができず、再発を防げなかったりする。

窃盗の被害届があったため同僚が出かけていき、交番に戻って書類の整理をしていたとき幹部が巡視に見えた。勤務表と照らし合わせ、警ら時間になっているのにどうして書類の整理をしているんだと注意した。窃盗の届け出があって実況見分をして書類の整理をしているところですと言うと、それは休憩時間にすればいいことなんだと言われた。

同僚はしぶしぶと警らに出かけたが、この幹部は融通の効かない堅物であった。幹部はいすに腰を下ろしてタバコを吸いながらわたしにもいろいろと注意し、吸い終わると吸殻を路上に捨てた。面当てのようにすぐにチリ取りで拾ったが何の反応も見せず、他人には厳しくても自分には寛大のようであった。

朝のうちは薄日がさしていたが、昼を過ぎるとちらちらと雪が舞うようになった。夕方になると地面が真っ白になり、サラリーマンも帰りを急ぐようになった。夜間には数センチの積雪になって歩いた足跡も新たな雪に消されてしまい、自転車の警らができなくなった。こんなに雪が降ったんじゃ犯罪だって起きないし、幹部も巡視にやってこないよといい、午前中の注意を忘れたらしく同僚は警らを中止した。

一時間の仮眠をとって午後十一時から警らに出るとき、十数センチの積雪になっていたので自転車に乗ることはできない。歩いての警らになったが、いつもにぎわいを見せている飲食街もひっそりしていた。新雪を踏みしめる音だけが聞こえ、靴の跡がくっきりと残るのみであった。公園の広場も真っ白く塗り潰されており、片隅に置かれた警ら表に時間を記入して押印した。人影の見られない公園を一巡したが、銅像だけでなくすべての樹木も雪の厚化粧をして一回り大きく見えた。真夜中だというのに昼間のような明るさであり、いつも聞こえてくる利根川の流れの音も聞くことができなかった。

どこからも何の音も聞こえないため、地球上のすべての生物が眠っているように思えた。以前、砂漠の旅をした作家の文章を読んだことがあったが、あのときの情景が思い出された。立ち去り難くなって制服制帽のまま雪の上に寝そべり、空を仰ぐと雪の粒が目に入ってほほを濡らした。目を閉じると夢想の境地にいるみたいな気持ちにさせられたが、このような経験は初めてであった。ゆっくりと立ち上がると雪の上にくぼんだ制服制帽の跡がはっきり残っていたが、やがて消えていく運命にあった。

大雪になることはめったになかったし、当番勤務になっていたために味わうことができた貴重な体験であった。旅とは異なっていたが登山や旅の本を読んでいたため、さまざまなことを連想することができた。

＊保護か公務執行妨害か

受け持ち区域が変更になったため、新たな出会いが始まった。映画館やパチンコ店や飲食街もあり、これらの店に立ち入り調査をしたり、巡回連絡をしたため営業の実態がわかるようになった。

売春防止法が公布されていたため営業の廃止を迫られており、パンパンと言われる売春婦も転職しなければならなくなった。一つの法律が制定されることにより、人の運命が大いに変えられることになった。これも時代のすう勢であり、経営者は不在であったから売春婦から話を聞くことができた。

「わたしは戦争中から売春婦をやっており、あちこちで働いて六か月前にこの店にきたのです。やがてこの世界から足を洗わなくてはならず、おかみさんは新しい仕事を探すため飛び回っているのです。この店は前借をしているし、生活用品も借り物だし、食事代も払わなくてはならないんです。どんなに働いても歩合制になっているため一部しか手に入れることはできず、お茶をひくと収入がまったくなくなってしまうんです。借金しているために身動きはできないし、生活のためしかたなく客引きをすることもあるんです。たくさんの男を知っていますが、みんな一晩の付き合いだからすべて忘れてしまうんです。これからどのように生きたらよいか考えていますが、よい智恵が浮かんでこないんです」

派手に見えている売春婦であったが、いろいろと悩みを抱えていることを知った。世の中の酸《す》いも甘いも知っている売春婦のことであり、自ら生きる道を探すことができるのではないか。警察がどのように飲食店の取り締まりをしたか、神崎清著『売春』を読んで知ることができた。

　飲食店と客との間にさまざまなトラブルがあるが、酔っぱらいがからんでいることが多い。酔っぱらいの取り扱いには慣れていたが、一様に取り扱うことはできなかった。

　昼間の酔っぱらいは珍しいことであり、男が通行人に乱暴しているからすぐきてくださいとの知らせがあった。現場は繁華街であり、電話工事の妨害をしたり、通行中の若い女性を追いかけたりしていた。乱暴はやめてくださいと言うと、なんだサツかと言ってやめようとしない。どのように説得しても応じようとしないため、交番まできてくれませんかと言った。

「おれはサツみたいにただ酒を飲んだんじゃなく、おれの金で飲んだのがどうして悪いんだ」

　食ってかかってきたため、力ずくで保護するほかなかった。腕をつかんで交番に連れていこうとすると激しく抵抗し、無理やり連れていこうとすると制服をつかんで組みついてきた。両手で押さえつけようとしたが男の力が強く、組み合って二人とも道路に倒れてしまった。制服のボタンはもぎ取られてひじにかすり傷を負ったとき、だれかが警察に連絡したらしく本署から二人の刑事が見えた。どうしてお巡りさんに乱暴をしたんだと言われると、いままでの勢いは影を潜め低姿勢になって勘弁してくださいと言った。

「いままではめんどうをみてやったが、こんどはお巡りさんにケガをさせた公務執行妨害じゃないか。絶対に許すことはできないし、しばらく刑務所で涼んでくるんだな」

「それは殺生だ。刑務所にいきたくないからこのように謝っているんだよ。なんとか勘弁してくださいよ」

「ほんとうに反省しているんならともかく、おまえのはジェスチャーだけなんだ」

「どうせおれは前科者なんだ。懲役でもなんでも好きなようにやってくれ。これからは絶対に警察には協力しないぞ」

男は刑事にうながされてしぶしぶと交番にやってきたため、迎えにやってきた自動車に一緒に乗り込んだ。本署に着いてからも顔見知りの警察官に泣きついたが、だれも公務執行妨害で逮捕したものと思っていた。当直の幹部からも現行犯逮捕の手続きをとるように言われ、一つのテストを思いついた。

「酔っぱらいが乱暴したのは間違いないですが、わたしの取り扱いがまずかったことにも原因があったのです。公務執行妨害になるかもしれないが、本人の反省を求めて保護の手続きにしたいと思います」

幹部も刑事も不審に思ったらしかったが、酔っぱらいの顔は急に明るいものになった。公務執行妨害となると実刑ということも考えられるが、保護になると二十四時間以内で釈放されることになる。更生してもらいたいための措置であったが、適正であったかどうかわからない。

＊速度違反の取り締まり

自動車が増えると交通事故も多くなり、事故を防ぐために取り締まるようになった。無免許運転の取り締まりは容易であるが、速度違反の取り締まりは個人ですることはできない。市内の制限速度は四十キロになっており、琴平交番を起点として国道でいっせいの取り締まりがおこなわれることになった。交通主任が取締りの責任者になり、合図や測定や停止の係があらかじめ決められていた。

二百メートルの間を走る速度を測定し、十キロ以上の速度超過になっている車両を取り締まりの対象にした。速度を超過していると思える車両が見えると測定係がストップウオッチを押し、二百メートルを通過したときに合図係がボタンを押した。その間の通過時間が測定され違反になると停止係によって停止され、グラフを示して取り調べとなった。

新しい速度測定機が使用されるようになり、すでにパトカーによってテストがなされていた。つぎつぎに速度違反をした運転手が取り調べられたが、すなおに認める者もいれば否認するなどさまざまであった。

「後ろからついてきた車だって速度違反になり、どうしておれだけ捕まえたんだ。不公平ではないか」

「腹立たしい気持ちはわかりますが、この測定機は一台ずつしか測ることができないんです。取り締まりを受けたくないと思ったら、きちんと交通法規を守るようにしてくれませんか」

さまざまなコメントをするが、だれも納得してくれるとはかぎらない。スピードの超過はいたるところでおこなわれるが、取り締まりはかぎられたものになっていた。網にかかったのが運が悪かったと思っている人が多いため、納得してもらうためにさまざまなアドバイスをした。たとえ取り締まりが不公平と批判されようとも、無免許と酒気帯びと速度超過が違反の三悪といわれている。人命にかかわる危険行為であることがわかっており、交通道徳や自動車に関する本を読むようになった。

＊失敗が糧

犯罪捜査ではいろいろ体験しているが、失敗したときには失敗しない方法を考えるようになった。名医といわれている人も初めから名医であったわけではなく、刑事だって初めから名刑事になれたわけではない。人はさまざまな経験をしているが、マイナスをプラスにしていくことが大切であることを知ることができた。

土曜日には桜の花も満開になり、公園は花見客でにぎわいを見せていた。サーカス場をひとめぐりしてから公園にいくと、広場にゴザを敷いて酒を酌み交わしているグループがあった。

夜の警らに出かけると馬場川のはたで、寝そべって大きないびきをかいていた若者がいた。起こそうとしたが反応はなく、酔っぱらっていると思えたので、交通に支障がない場所に移動させた。警らをつづけて公園にいくと、備えつけられたテレビの前はプロレスを見る人たちで埋め尽くされていた。数人の男女が熱心に語り合ったり、桜の木の下では踊ったり歌ったり笑い声があがったりしていた。

一時間の警らを終えて交番に戻ったが、酔っぱらいが気になっていたので様子を見にいった。相変わらずいびきをかいており、強くゆすってもなんの反応もなく、酔っぱらいにしては変だと思って身元を調べると、所持品の中に女性にあてた遺書があった。すぐに本署に報告して自動三輪車で日赤病院に運んだが、夜間の救急患者のために病院ではてんてこ舞いであった。

当直の産科医が診断して服毒自殺の疑いがあったため、看護婦さんによって胃洗浄が始まった。患者の口にゴムホースが差し込まれ、ジョウゴから水が注がれたり、はき出させるなどの繰り返しになっていた。医師は注射をしたり人工呼吸などをほどこし、最悪の事態を脱することができたとき、もう少し遅れていたら助からなかったかもしれませんと告げられた。

酔っぱらいと決め込んでいたことが間違いであり、深く反省させられたが意識は戻らなかった。薄暗い廊下で成り行きを見守っていたとき病院の職員が見え、患者の住所と名前を聞かれた。遺書に書かれていた女性の名前を告げると、病院に同姓同名の看護婦さんがいると知らされた。

治療が終わって死の危険がなくなって病室に運ばれたため、交番に戻って勤務をつづけた。警らから戻って仮眠していたときに病院から電話があり、患者さんの意識が戻って住所も名前もわかり、遺書のあて名が病院の看護婦であることを知らされた。遺書にはギャンブルがやめられず、このままでは結婚することができないとあった。自殺に失敗した人は二度と繰り返さないという話を聞いたことがあるが、この経験を糧に立ち直ることを望むだけであった。

＊真実を知る

世の中にはさまざまな事件があるが、真実であることを明らかにするのは簡単なことではない。「真昼の暗黒」という映画を見たことがあったが、真実と思っている人もいればフィクションと思った人もいるに違いない。被告人がどのように供述していたかわからないが、事実が認められて裁判では過失致死で有罪とされていた。

この映画を見た少年が真実と思ったらしく、恐ろしさのあまり自首したというものであった。映画はフィクションであっても少年が自首したのはほんとうの事件であり、捜査から裁判にいたるまでいろいろの過程を経ている。多くの人が関係しているが、捜査のミスに気がつかないと同様なことが起こる可能性がある。捜査の実情をもっとも知っているのは第一線の警察官であり、責任の重大さを痛感した。

わたしはタバコも吸わなければ酒も飲まないため、初めは変人扱いされていた。みんなと同じことをしていれば批判されることはないが、人のまねをして生きたくなかった。本を買いたいためにタバコや酒をやめただけであり、それが常態化してくると変人と言われなくなった。

世の中に異常なこともあれば正常なこともあるが、見る人によって異なったりするからはっきりしたことはわからない。他人に見られていると恰好をつけたりするが、だれにどのように見られようと気にせずに自分の道を歩くことを心がけている。

交番に立っていると、いろいろな人が通り過ぎっていった。ひんぱんに通る人は顔を覚えるようになったが、どのような人かわからない。職業がはっきりしているのは牛乳や新聞の配達などであり、ときには不審者の職務質問をすることもあった。

交番にやってきた動作が不自然であり、新潟まで帰りたいのですが、財布をなくして旅費がないので五百円ほど貸してくれませんかと言った。身分を証明するものはありませんかと尋ねると、よれよれの履歴書を取り出しがそれも不自然であった。いろいろ尋ねたが話はちぐはぐであったが、ウソかほんとうかはっきりしない。いきなり、財布を見せてくれませんかというと，胸に手をやろうとしたがすぐに引っ込めて財布はなくしたんですと言った。上着のポケットに何か入っているが見せてくれませんかというと、しぶしぶ財布を取り出したため男のウソが明らかになった。

さらに追及すると隣りの交番で五百円を借りてきたといい、男は詐欺の前科があって執行猶予中の身であった。余罪があると思われたので本署の刑事に任せることにしたが、少しの動きでも不審者を見抜くことができるようになった。人間を知りたくなりイリン著『人間の歴史』や『生命の起源』を読んだり、「前科者」や「我が名はペテン師」や「無警察地帯」などの映画を見たりした。

＊因習の犠牲者

教育三法案が国会に提出されていたが、激しい反対にあって可決にこぎつけるのが困難な状況にあった。世論も大きく分かれていたが、子どもを政争に巻き込まないことで一致していた。反対のデモが群馬大学学芸部の主催でおこなわれ、労働組合も参加するため荒れることが予想されていた。非番の警察官も動員されて警備に当たったが、当番のわたしは交番で勤務をつづけることになった。

集会を終えてデモ行進に移ったとき本署から電話があり、富士見村で若い女性の変死体が発見されたと知らせてきた。鑑識係がデモの方にいっており、こちらから写真機を用意してサイドカーを回すから補助してくれないかといわれた。

幹部の運転する車に同乗して現場に向かったのが、赤城山中腹の村落の家であった。大きな門構えで木造の二階建ての母屋は旧家のようであり、遺体は奥の座敷に移されて新しい布団に横たわっていた。

幹部は遺体に合掌してから主人の話を聞くと、物置のはりに首を吊って自殺したが、村の医者に病死として取り扱ってもらいたかったので移動したという。物置にはたくさんの農具があり、首を吊ったときに使用したと思えるはりの部分だけほこりが落ちていた。検視が始まって布団をはがすと、死体は新しい着物を身につけていた。つぎつぎに衣類を脱がせて素裸にし、検視に合わせながらシャッターを切った。全裸になると念入りに検視がなされたが、異常が見られるのは頸部の縊死特有の帯の跡だけであった。

自殺の原因を父親に尋ねたが、わからないと言うばかりであった。母親は何も語ろうとしなかった。だんだんはっきりしてきたのは、母親は娘の結婚に賛成であったが、父親が強く反対していたことだった。幹部が父親と話し合ったとき、こんなことになるんだったら結婚させてやればよかったと言ったため事情がはっきりした。

いままでに戦死や殺人や自殺などの死に接してきたが、娘さんの死はいままで経験したことのない異質なものであった。父親に結婚を反対されて自殺に追い込まれており、いまだ因習という化け物のような存在があることを知った。

＊ある大学生の悩み

交番に戻ったときにはすでにデモは終了しており、街はいつもの姿に戻った。警らを終えて午後八時から交番の前で見張りについたとき、アルコールの匂いをさせた若者が道を尋ねてきた。略図を書いて道順を教えたが立ち去ろうとしないため、何か用事があるんですかと尋ねた。

「わたしは悩んでおり、だれかと話をしたいんですが相手がいないんです。好き好んで飲んだわけではないが、飲まなければいられない気持ちなんです。頭の中がこんがらがって勉強する気にもなれず、なんとかして今の境地を脱したいのです。いきなりこんなことをお巡りさんに話すのは失礼かもしれませんが、わたしの話を聞いてくれませんか」

酔っぱらって交番にやってくる人は少なくないし、悪口をいわれたことは何度もあった。いきなりこのような悩みを打ち明けられたのは初めてであったが、突っぱねることはできなかった。

「わたしは群馬大学の学生だからデモに参加しましたが、法案に反対している理由がよくわからないんです。どうしても組織に参加する気になれず、共産党のシンパになる気にもなれないんです。右翼とか左翼とか警察とか軍隊も大嫌いですし、いつも一人で考えているんです。どのようにしても少しも悩みを打開することができず、どうすることもできないんです」

警察が嫌いだといいながら、どうして見も知らずのわたしにこのような悩みを打ち明けたのか理解できなかった。アルコールが入ったためか、若者の話はやむことがなかった。

「わたしには頼る人もいないし、どれもこれもうまくいかず、みんな無意味に思えてしまうんです。政治家だって頼りにならないし、いくら警察が犯人を捕まえても世の中は少しも住みよくならないんです。考えれば考えるほどすべてがくだらなく思えてしまい、どうすることもできないんです」

「他人のことをくだらないと見ているようですが、あなただって他人からくだらないと見られているかもしれませんよ」

皮肉を込めてこのようにいうと、ただちに反応があった。

「くだらない人からくだらないと見られたっていいじゃないか。世の中にはゴマをすって偉くなった人もいれば、金もうけのためにうつつを抜かしている人もいるじゃないか。その人たちが偉いとされていても信用することはできず、何を信じたらよいかわからないんです」

警察官はみだりに政治論争をしてはならないが、いつまでもだまっていられなくなった。

「わたしのような職業についていると、浮浪者や犯罪者やさまざまな人と接しているんです。さきほども検視の補助をしてきたのですが、娘さんの自殺の原因は婚約者の親類に前科者がいるとの理由で父親に結婚を反対されたからです。あなたには無関係であるかもしれないが、関係者には大きな問題だと思うんです。よいと思ってやったことでも世の中に害を及ぼすことがあるし、いくら働いてもまずしい生活から抜け出せない人もいるんです。理屈が先走って行動がともなわないような人もいると思いますし、不平や不満もいわず黙々と働いている人もいるんです。人にはそれぞれの生き方があり、他人を批判するのではなく、相手の立場に立ってものを考えるようにしたらどうですか。あなたは理想を求め過ぎているため、懐疑的であるような気がしてならないんです」

それで打ち切ろうと思っていると、もっと話を聞かせてくれませんかと言い出した。

「山岳会員だというあなたにこのような話をするのは筋違いかもしれませんが、ある登山家が、どうして山に登るんですかと聞かれ、そこに山があるからだといった話を聞いたことがありります。本を読んだり人の話を聞くなどすれば知識を得ることはできるが、世の中には経験しないとわからないことがあるんじゃないですか。予期できない出来事に遭遇して山登りを断念することもあれば、無理な登山をつづけたため遭難する人もいると思います。知識と経験のどちらを優先させるというより、両々相まって道が開けるのでないですか。人生だって登山に似たところがあり、あなたは理想を求め過ぎているため現実と乖離しているように思えてならないんです」

「お巡りさんは合理主義者ですね」

「わたしは自動車の運転はしますが、習い始めのときはアクセルとブレーキを踏み間違えたりしたのです。いまでは混雑した道路でも安全に運転ができるようになったが、これも慣れるようになったからです。一度は自殺したいほど悩んだことがありますが、戦争で九死に一生を得た大事な命をむざむざと失いたくなかったので取り止めることができたのです。仕事をしながら多くの人からさまざまなことを学んでそれを糧にし、世の中に役立てたいと思っているだけなんです」

このように抱負を述べると、みんなあなたみたいな人であったらなあ、といって握手を求めてきたため固く握りしめた。このように話すことができたのは、たくさんの本を読んでさまざまな体験をしていたからかもしれない。

＊交通専科講習と富士登山

交番の勤務が一年になろうとしたとき、交通の講習を受けることになった。東京の小平にあった関東管区警察学校の交通専科生になり、八週間の寮生活となった。関東一都六県の巡査と巡査部長の五十名であり、当番勤務を除いて土曜日の午後から日曜日の点呼までは自由に過ごすことができた。

警察署に勤務していたときにはさまざまな制約があったが、夏の季節であったから富士山に登りたいと思い、リュックサックを背負っての入校となった。同室になった山梨県の巡査から富士山のことを聞くと、駐在所に勤務したとき大雪崩があって人命救助に当たったと言った。登山についてもアドバイスしてくれたし、山小屋の主人に紹介状も書いてくれた。

立川基地拡張のため砂川町の第二次強制測量が始まり、昨年も警官隊と住民や学生の反対闘争があった。出勤が予定されていたため学校でも警備訓練がおこなわれ、いつ出勤するかわからない状態になった。

休みの日には神田の古書店をめぐったり、上野の美術館に出かけたりした。出動や天気予報が気になっていたが、ようやく土曜日から日曜日にかけて富士山に登ることができた。土曜日の授業が終わるやいなやバスで国分寺の駅にいき、中央線に乗るとアルプスや富士山に向かう客で混雑していた。乗り換えて河口湖へいくとバスを待つ人の長い行列ができており、登山バスはピストン輸送をしていたが、たくさんの乗客をさばくのは容易ではなかった。

しばらく待たされて乗ることができると三合目で乗り換え、時間を待つことなく登山バスに乗ることができた。曲がりくねった急な坂道をあえぐように上ったが、雨雲のために視界は妨げられ近くのシャクナゲなどが視界に入るだけであった。

終点の五合目の売店で腹ごしらえをし、山頂を目指して歩き出し、孫と思える子どもを連れた老人を追い越した。大きな荷物を背負った若者に追い越されたりし、一歩一歩頂上に向かった。つづら折りの山道を堂々めぐりしているみたいであり、薄暗くなってきたとき、ようやく八合目の山小屋に着いた。

ご来光を仰ぐために午前二時ごろ山小屋を出発したが、登山道は懐中電灯を手にした人たちで数珠つなぎになっていた。山頂でご来光を仰ぐのはむずかしくなり、空を仰ぐと満天の星空であったため、登山道からそれた斜面に腰を下ろしてゆっくりと星空を眺めた。このときも軍隊で教えられた星空の見方が役に立ち、すぐの北斗七星やオリオン星座などを見つけることができた。カシオペア座やこぐま座など探していると時のたつのを忘れてしまい、明るさが増してくると星も少しずつ姿を消していった。太陽が徐々に姿を見せるようになり、人の姿が見えない斜面でのんびりとご来光を仰ぐことにした。

山頂に着いたときには、あちこちから登ってきた人たちでごった返し、強い風に吹き飛ばされそうになった。山頂から離れた斜面に腰を降ろし、握り飯を口にしながらアルプス連峰を望んだりした。眼下には流れる雲間から富士五湖が見えたし、山の空気を満喫することができた。同じコースをとりたくなかったため、地図を広げて須走口《すばしりぐち》を下って御殿場に出ることにした。電車を乗り継いで門限までに学校に戻ることができ、念願だった富士登山を終えることができた。

後楽園球場でプロ野球を見たり、寄席にいって落語を聞いたりした。山梨の昇仙峡へいったり、房総半島をひとめぐりするなどの旅もした。学校では情操教育もおこなわれ、茶道ではお菓子をいただきながら抹茶を口にすることができた。華道では天地人があって師匠さんが活けると見違えるほど立派な生け花になっており、ときどき著名人の有意義な時局講演会なども聞くことができた。

交通専科の教育に当たっては、さまざまな事故が想定されていた。実況見分をして加害者や被害者の話を聞き、過失を認定していった。少しでも仕事に役立てようと思い、安西温著『過失犯罪の指針』や笹内純一著『実務刑法』などを読んだ。事故が発生しても故意も過失もなければ罰せられないが、何らかの不注意がともなっていた。

例によって卒業試験がおこなわれることになったが、がり勉が好きになれず娯楽室で知人と囲碁をしていた。巡視の教官に注意されたため部屋に戻り、知らない個所があったので同僚に教えてもらうとそれが出題された。試験の問題は論文形式が多かったし、授業になっていた交通事故処理が成績に加味された。

映画も「ここに泉あり」や「エデンの東」などを見たり、モリエール著『人間嫌い』や内村鑑三著『一日一生』などを読んでさまざまな生き方のあることを知った。

卒業して署に戻ると交通係に配置換えになり、事故処理の補助をしたりした。半年ほどすると運転免許事務が本部で一括処理されることになり、本部の交通課の免許係になった。

五章　警察本部勤務

＊交通課免許係

免許係はわたしを除いてすべて事務職員であり、土曜日は半ドンで日曜日が休みであった。一般のサラリーマンのような生活ができたため、自由に行動することができた。いままでは所在を明らかにしておく必要があったし、非常召集されることもあった。計画を立てたくても実行できないため、成行きに任せることが多かった。読書や映画を見ることや各種の演奏を聴くこともできたし、もっともうれしかったのは山登りができることだった。

妙義山や榛名山や赤城山に登ったことがあったが、他の山にも登りたくなった。あちこちの詳しい地図を買い求め、費用と時間を計算して日帰りの山登りをすることにした。一緒に山登りする人がいなかったためいつも一人であり、頼りにしていたのは地図と太陽であった。初めは不安がつきまとっていたが、地図の見方に慣れると安心してつづけられた。利根や吾妻や観光地などに出かけたが、一人であったから変更することもできた。大事だったのは最終の列車に間に合うようにするだけであったが、未知なものに挑戦して新たに発見できたものも少なくなかった。

ラジオから流れる音楽に耳を傾けることもあり、「別れの一本杉」や「若いお巡りさん」の歌を聞いたりした。「ビルマの竪琴」や「泥棒成金」や「ボスを倒せ」や「宇宙水爆戦」など、数え切れないほどの映画を見ることもできた。沖縄戦に関する本が見つかると欠かすことがなく、益田善雄著『還らざる特攻艇』や石野径一郎著『沖縄の民』や中野雅夫著『沖縄の反乱』や霜田正次著『沖縄島』など読んで戦争当時のことを思い出した。

松本清張著『点と線』や石川達三著『転落の詩集』や五味川純平著『人間の条件』や三島由紀夫著『美徳のよろめき』など、気ままに小説など読むことができた。仕事に関係があると思えたのは、樋口幸吉著『悪の生態・潜む犯罪心理』や中村哲著『日本国憲法の構造』や滝川光辰編『刑事法学辞典』や西村克彦著『刑罰の心理』などであった。さまざまな映画も見ることができたが、とくに興味深かったのは「楢山節考」や「裸の大将」や「張り込み」や「隠し砦の三悪人」などであった。一年後の三月の定期の人事異動で本部の捜査一課に配置換えになったため、いつもの生活に戻ることになった。

＊捜査一課企画情報係

捜査一課は刑事部に所属していて、課員は十数名であったが、いつも部屋にいたのは課長と次席と事務担当の警察官だけであった。課長は捜査の経験が少なかったし、次席は課長の補佐をしていたがイエスマンであった。ベテランの捜査班長が実務の采配をふるっていて、わたしは協力班企画情報係を言いつけられた。各署からの報告を受けつぐなどしていたため、県内に起きていた重大な事件の発生状況がわかった。小規模の警察で大きな事件が発生すると応援の要請があり、捜査班が出かけて捜査した。

長野原町で一人暮らしの婦人が殺されたため、捜査班が出かけることになった。現場は川原湯温泉の近くであり、前に勤務した場所であったからとくに関心があった。二時間以上もかけて毎日のように出かけたが、有力な手がかりを得ることができず捜査が長引いた。

新聞が迷宮入りの記事を載せるようになると課長がいらいらし始め、班長にさまざまな指示をしていた。被害者ともっともつながりあったのは、山林業の五つ年上の情夫であった。指紋が採取されていたがほかに資料がなく、課長から命じられて班長は取り調べをした。参考人として事情聴取をしたが否認しており、どんな理由かわからないが二階から飛び降りて自殺を図った。自転車置き場の屋根に落ちたため命拾いをしたが、ますます疑いを深めてしまった。課長が強制捜査に踏み切ることにしたが、取り調べをした捜査班長が強く反対したため押し切ることができなかった。

自殺未遂が新聞で報道されると、情夫を知っている者から有力な情報がもたらされた。いままでの聞き込みでは何も知らないと言っていた飲食店の女性の店員であったが、犯罪があった日に若者が食事をしたことを明らかにした。その者が不審者として浮かんできたため捜査をし、身元が判明したので身辺捜査となった。

殺人事件があった直後に所在不明になっており、捜査をつづけると自転車をだまし取っていた事実が明らかになった。逮捕状を得て指名手配して逮捕になって取り調べをすると、自転車をだまし取ったことはすんなりと認めた。殺人事件の現場近くから採取された自転車のタイヤの跡はナゾとされていたが、だまし取った車輪の紋様が合致して殺人の容疑が濃厚になった。

なおも取り調べがつづくとぼつぼつ話すようになり、被害者の家の前を通ったとき声をかけられ立ち寄って酒を飲んだという。殺したことは容易に認めようとしなかったが、泊まっていきませんかと言われて一つの布団に入ったという。肉体関係がなかったのに起きたときに代金を請求されて言い争いになり、持っていたナタでめった切りにしたと自供した。

情夫が命を絶っていたら迷宮入りになっていたかもしれないし、捜査班長が課長の命令に従っていたら誤認逮捕となったに違いない。刑事は飲食店に聞き込みにいったとき、店の人に不審な客はいなかったと言われて信じていた。そのことも捜査を長引かせた原因になっており、犯罪捜査のむずかしさを痛感させられた。

昇任試験を受けるのに恵まれたポストであったが、どうしても、がり勉は好きになれなかった。小説だけでなく法律や犯罪の本を読むようになったが、それでも本気で昇任する気にはなれなかった。二回目にして合格できたため初級幹部の講習を受けることになり、東京の小平にあった関東管区警察学校に入校した。休みのときには前のように旅行をしたり、神田の古本街や上野の美術館をめぐるなどした。今回も生の声を聞くために寄席にいき、落語のファンになってあちこちの寄席にいった。

六章　巡査部長

＊太田署交通主任

八週間の講習を終えると巡査部長に昇任し、太田警察署に配置されて外勤主任になった。交番や駐在所の巡査の指導監督をしたり、祭典の警備計画をつくったり、坂本九さんの一行がきたときには劇場の警備をするなどした。群馬県警察の幹部が出版した本が出ると、次席から幹部は全員が買うように指示されたが読みたくなかったので断った。

当番勤務のとき、旅館の二階で睡眠薬を飲んで男女が心中したとの知らせがあった。男だけが死亡していたので検視をしたが、これは初めてのことであった。検視の補助をしたから手順はわかっており、生き残った女の供述によって二人が睡眠薬を飲んで心中しようとしたことが明らかになった。身元の確認のために男の関係者にきてもらったが、なぜか妻は姿を見せなかった。死体を引き取るときも、財産がからんでいたらしく押しつけあっていたが、話し合いをさせて引き取ってもらった。

一年ほどして交通主任となると、交通違反の取り締まりや交通事故の処理に当たることになった。交通事故は多発の傾向にあり、交通戦争という言葉が生まれていた。さまざまな事故を取り扱ったが、故意か過失がないかぎり罰せられないため原因の究明が大事になった。故意も過失もない事故はいたって少ないが、過失は相手にあると主張されると原因の究明が困難であった。現場の状況や双方の供述と照らし合わせ、客観的の立場に立って事故処理に当たった。交通渋滞をきたすため急がなければならなかったが、原因の究明をおろそかにすることはできない。事故処理の参考にするため、吉留路樹著『交通戦争』や崎川範行著『安全運転の科学』や江守一郎著『交通事故のミステリー』や奥村正二著『自動車』を読むなどした。

中年の男が酒を飲んでバイクを運転し、コンクリートの電柱に激突して即死した。運転免許証によって住所と氏名がわかり、妻から事情を聞くと、仲人をしているため娘さんの家にいっているという。父親の話を聞くと、仲人をしてもらって苦労しており、酒が好きなものだからすすめたという。即死したことを知らせると責任の重大さを感じたらしく、そのときのつらい表情は忘れることはできない。死体を引き取ってもらうために妻に連絡し、痛々しい姿に接したが、なぐさめの言葉をみつけることができなかった。

元日には朝から当番勤務につき、待機しながら尾高朝雄著『自由論』を読んでいたとき一一〇番通報があった。のどかな正月の気分を打ち破けるかのように救急車とパトカーのサイレンが交錯し、現場に着いたときには、けが人は病院に運ばれていた。への字のように押しつぶされたバイクが側溝に突き刺さっており、わきに青ざめた顔の運転手さんが立っていた。現場の速度制限は五〇キロメートルになっていたが、対向してきたバイクが貨物自動車を追い越すのが見えたという。急ブレーキをかけたが間に合わず、正面から衝突されたという。

　病院に運ばれたのは無免許運転の高校二年生の男子であり、当直の内科医の応急処置がなされ、専門の外科医が呼び出された。アルコールの匂いをさせていたが手術の効果があったらしく、死の危険を避けることができたという。回復してから無免許運転で事情を聞くことにしたが、これも生と死が紙一重であった。

　真夜中になると乗用車同士の衝突事故があったが、一方の車の信号無視と酒気帯びが原因であった。風船をふくらませて呼気を計ると、アルコールの濃度が一・二であったので逮捕した。運転免許が取り消しになるか停止になるかわからないが、事故を起こした運転者の生き方に大きく影響することになる。

　信号機のない交差点の事故は、一方が一時停止しなかったりするが、信号がある交差点では、お互いに信号を守っていたと主張することがある。事故の取り扱いに慣れると、実況見分をして双方の言い分を聞いてどちらが正しいか客観的に判断できるようになった。

　交通の三悪といわれていたのが、無免許と酒気帯びとスピード違反であった。無免許や酒酔い運転は事故を起こす危険は大きいし、人を死亡させると殺人にひとしいのではないかと思った。たとえ悪質であっても、殺す意志がなければ業務上過失致死に問われるだけであるが、自ら死亡したときは自殺にひとしくなる。夜間の交通事故の処理をしていたとき無謀な車にはねられそうになったことがあり、危険はいたるところに存在していた。

＊捜査二課庶務主任

定期の人事異動で県本部の捜査二課に転勤になったとき、同僚のいぶかる声が聞こえた。交通から捜査二課に異動する人事は珍しいことであり、後でわかったのは同期生の警部が警部補以下の人事を担当していたことだった。捜査一課で殺人や強盗や窃盗などの犯罪を取り扱っていたが、捜査二課が担当していたのは知能犯と暴力団であった。大まかなことはわかっていたが、詳しく知ろうと思って詐欺や選挙や汚職やヤクザに関する本を読むことにした。

課長はマージャンが好きであり、月に一回、警察の施設で課員のマージャン大会を開いているという。同僚からは遅くなったときバスがなくなっており、ハイヤーで帰ったことがあるんだと聞かされ二の舞になりたくなかった。課長からマージャン大会に参加するように言われたが、知らないと返事をすると教えてやるよ言われた。それでも参加したくなかったため、バスで通っており、最終の時間に間に合わなくなるようだったら参加できませんと言った。課長が承諾したためやむなく参加したが、捕虜で覚えたときの点数の数え方が違っているだけであり、すぐにばけの皮がはがれてしまった。

衆議院はいつ解散になるかわからないが、参議院議員選挙はあらかじめ決められている。参議院選挙にあっては半年も前から各署からの情報が寄せられたが、それは選挙の前哨戦みたいなものであった。選挙にあっては公示が告示後でなければできないが、これらはほとんどが選挙運動まがいのものであった。

政党によって取り組む姿勢は異なっているが、当選を目指していることには変わりない。

いままでの選挙にあっても公認の候補者が断然有利であり、選挙が始まる前に公認争いがひそかにおこなわれている。選挙ブローカーや会社の社長が暗躍したり、有力者に対する根回しなどがおこなわれていた。政治活動と選挙運動には似たところがあり、公職選挙法では決められずに判例によることもあった。

参議院議員選挙に近づくと、幹部が各署をめぐって、取り締まりについて教養を実施していた。間違った取り調べをすると抗議されるため、それを防ぐねらいもあったらしい。

選挙が始まる前からポスターが張り出されたり、街頭宣伝車が走り回ったりしているが政治活動とみなされている。選挙用ポスターと似ている写真や氏名が載せられているが、個人や街頭演説会の場所や日時が記入されていた。街頭宣伝車も走り回っているが、こちらは○○新聞の拡張の宣伝車であり、××の抱負が載っているので購読してくださいというものであった。立候補予定者の氏名を連呼しているが、異なっているのは投票を呼びかけていないことであった。選挙用自動車の台数は制限されているが、街頭宣伝車は警察署長の許可を必要とするだけであったから何台も使用することができた。

捜査二課の仕事のことをもっと知ろうと思い、木下広居著『民衆と選挙』や朝日新聞社編『地方権力・保守の構造と革新の体質』や加太こうじ著『日本のヤクザ』や紀田順一郎著『日本のギャンブル』や『アウトサイダー』など読んだ。

巡査部長になってから三年が経過したため、警部補試験を受けられる資格があった。大学や医師国家試験に不正があったりすると新聞に大きく報じられたりするが、合格したい受験生はさまざまな情報を集めている。公共工事に談合があったりするが、これも公になることはめったにない。

課長がいくつかの試験問題をつくって刑事部長に提出し、その中から選ばれるとされている。部下から一人でも多くの合格者を出したいと思っている所属長もおり、上司が部下の指導監督をするのは当然のことである。具体的に問題を漏らさなくてもヒントを与えるかもしれず、これらが問題が漏れたとのうわさの根拠になっているらしかった。

二回目の受験で警部補試験に合格することができたとき自分の道を歩きたくなり、清水幾太郎著『社会心理学』やきだみのる著『日本文化の根柢にあるもの』や和田英夫著『法律の眼・法律と世相』など参考にすることにした。

七章　捜査係長

＊碓氷峠の交通事故

三月の定期異動で警部補に昇進し、松井田署の捜査係長になった。署長以下三十一名の警察官がおり、捜査係は鑑識を含めて六名であった。警視や警部は二年ぐらいをサイクルにしており、係長は三年か四年で交替するのが通例になっていた。

管内の事情にもっとも精通していたのは、転勤が少ない刑事や駐在所の巡査であった。いままでにたくさんのポストについていたが、捜査の係長がもっともやりがいのあるように思えた。つねに所在を明らかにし、いつ発生するかわからない事件に備えていた。目の前に妙義山を眺めても登ることはできず、近くに碓氷《うすい》川があっても釣りもできない。

当直勤務につくと責任者になり、すべての事件や事故を取り扱わなければならなかった。交通の難所といわれている碓氷峠があったが、混雑を解消するためバイパス工事が始められていた。碓氷峠は頂上まで松井田町になっており、事故が発生すると現場に着くまでパトカーで一時間以上かかることがあった。事故車両が道路をふさいでもレッカー車はすぐには来てくれず、ジャッキーを利用して少しずつ移動させて片側通行させたこともあった。町には救急車がなければ設備が整った医院がないため、パトカーでけが人を長野県内の病院に運ぶこともあった。

ベントナイトという言葉を聞いていたが、どのようなものかわからない。採掘現場で作業員が死亡する事故が発生したため、原因を調べることにした。ベントナイトを運び出すための荷台に乗って坑内に入るとひやりとし、年間を通じて温度に大差はないことを知らされた。同僚の作業員の話により、発掘作業中にベントナイトの塊によって圧死したことがわかった。経営者の過失の有無を調べると、防災設備の不備を認めたが、零細事業のために過大な投資ができないという。

ベントナイトは火山灰が堆積したものであり、各種の増量剤に使用されているという。成分がないと利用価値がないと思っていたが、このように利用されていることを知った。経営者の業務上過失の有無を調べるには、ばく大の費用と時間がかかるために見合わせることになった。

死体を引き取りにきた妻は変わり果てた夫にしがみつき、いつまでも泣き崩れていた。高校に通っているという長男は見えなかったが、悲観して自殺する例もあるため、さまざまな事例を話して参考にしてもらうことにした。

三十一歳の小太りのサラリーマンが変死したために検視をしたが、何の異常も見られない。死ぬということは心臓の動きと呼吸作用が永久に停止することであるが、死んだからといってすべての細胞の機能が失われるわけではない。時間の経過とともに死体は冷却化していき、死斑や硬直してやがては腐敗していく。一定の割合で変化していくため、条件は異なっていても死後の経過時間を推定することができた。

死亡した男には温もりがあり、母親の話によると真夜中に息子のうなり声が聞こえたという。外部から侵入した形跡はまったく見当たらず、このような死体に出会ったのは初めてであった。本部の検死官に状況を報告するとポックリ病に間違いないと言われ、犯罪に起因していないことがわかった。家に帰ってから医学書を読むと、若い健康な人が一夜にして突然死ぬことがあるが、その原因は急性心臓死と推定されるとあった。法医学のことをもっと知りたくなり、古畑種基著『法医学ノート』や吉益郁夫著『犯罪学概論』など読んだ。

＊ウソ発見器の効用

従業員が十数人の会社の金庫から大金が盗まれ、実況見分をしたり関係者から事情を聞くなどした。たくさんの指紋を採取できたが、だれでも金庫に触れることができた。内部の者の犯行以外に考えることはできず、容疑のある者が浮かんだものの、決め手をつかむことができない。社長さんからウソ発見器にかけたらどうですかとの提案があったが、それには同意の必要があった。社長さんが全員の要望を尋ねると反対する者がいなかったが、反対すればより疑われると思ったからかもしれない。

本部の検査官にウソ発見器について問い合わせ、概略の話を聞くことができたため本を読むなどした。検査官によって実験が開始されることになったが、ウソ発見器が証拠にならないことはわかっていた。質問には犯人にしかわからない事項が含まれていることが大切だといわれており、すべて「いいえ」と答えるようになっていた。その中に一つだけ正解が含まれており、すべての人の検査が終了したとき、グラフを見せられて説明を受けた。二人だけ容疑のある者が浮かんできたが、一人は経理の担当者で、もう一人は捜査線上にのぼってい た窃盗の前科のある男であった。

会社の休みの日に経理の担当者の話を聴くと、五年前に同僚の服のポケットの財布から現金を抜き取ったことを自供した。前科のある男から話を聴くと、あくまでも盗んだことを否定していた。感情的に調べると反発されるため、グラフを示しながら事務的に調べることにした。ウソ発見器ではだれにも同じような質問をしているが、どうして疑われたのか考えてくれませんかと言った。返答に困ってだまってしまったため、どうして答えることができないのですかと追及した。

「ばれないと思って金庫から金を盗んだが、ウソ発見器に見破られては正直に話すほかないね。住宅ローンの返済を迫られており、盗んだ金で支払っていたよ」

供述を裏付けることができたため事実が明らかになり、ウソ発見器にこのような効力があることを知った。ウソをつく人は少なくないが、どうしてウソをつくのか知りたくなり相場均著『うその心理学』を読んだ。だまして詐欺を働いたり、不都合なことは隠したり、自分を正直者に見せようとしたりするという。ウソを千回つくと真実のようになるという詐欺師の言葉を引用している著書もあり、ウソであることを明らかにすることがむずかしいことがわかった。

＊妙義山中の白骨死体

リュックサックを背負った若い男女の一団がやってきたため、何事かと思った。話を聞くと、裏妙義で白骨死体を発見したという。地図を広げて歩いたコースの説明を求めたが、場所を明らかにすることができない。山岳会員に来てもらい、地図を見ながらリーダーにいくつかの質問をした。大きな木がなかったかとか、岩場があったかどうか尋ねたが、妙義山のすべての情景が頭にあるらしくすぐに見当がついた。

翌日、山岳会員に案内してもらって輸送車で表妙義までいった。石門を通って鎖を伝わるなどし、切り立ったような岩場をぎこちなく渡りガケを降りることになった。山岳会員はザイルを伝って降りいき、わたしもザイルを巻き付け指示された通りに行動することにした。オーバーハング（傾斜が垂直以上の部分）のところにいくと体が離れそうになり、足を直角に伸ばしてガケにつけるようにと指示された。体に力が入っていたため、思うように行動することができない。ザイルで体が巻き付けられてあるから心配ないと自分に言い聞かせ、どうにか地表に足をつけることができた。

死体は岩場のくぼみにあり、白骨化していたから年齢も性別もわからない。頭蓋骨はわずかに原型を残していたが、靴下には、ばらばらになった足の骨があった。死後何年経過しているかわからないが、腐り切らずに残っていたのは男性の洋服の一部と一枚の名刺であった。骨があちこちに散らばっていたのは動物の仕業かもしれず、付近を探すと睡眠薬の空き瓶が見つかった。

服毒自殺と思われたが原因はわからず、遺留されていたものはすべて持ち帰った。名刺にあった会社に電話すると、その者はセールスをしており、大勢の人に名刺を渡しているが心当たりはないという。

家出人の届け出があってもすべて明らかになるものではないし、変死体の身元が不明なこともある。指名手配しても犯人が捕まらないこともあれば、死体が山の中や海で発見されることもある。白骨の身元はわからないために町役場に引き取ってもらったが、この者の戸籍がどのようになるか気になった。

＊夜間の山岳遭難救助

山菜採りにいった二人の婦人が、木にぶら下がって腐乱している死体を発見した。びっくりして駐在所に届け出があったが、死体の引き取りは翌日にした。輸送車に棺桶を積んで途中から歩き、首にひもをかけた死体を発見した。検視を終えて棺桶に入れ、輸送車まで運ぶのに難儀させられた。指紋によって身元が判明すると、会社の大金を使い込んで指名手配されていた中年の男とわかった。自殺は本意でなかったとしても、他に選択の方法がなかったのかもしれない。

新緑や紅葉の季節になると、たくさんのハイカーが妙義山にやってきた。日曜日に夕食をしようとしていたとき、遭難の知らせがあったのでわたしが責任者になった。通報してきたリーダーの話によると、横川駅で降りて裏妙義に登ったが、初めてであったためコースを間違え、暗くなって身動きができず連絡したという。

谷川岳には山岳警備隊があるけれど、登山の経験のある者は少ないだけでなく救助に必要な用具も揃っていなかった。リーダーもコースをよく覚えていないというし、登るときに足元まで照らさなければならず、手探り状態で救助に向かった。ときどき大声で呼びかけたが反応はなく、コースを間違えた疑いが持たれた。

日中の気温はかなり高かったがすっかり冷えており、薄着のリーダーは震えだした。ふたたび呼び声をあげたが聞こえず、さらに進むとかすかに聞こえた。谷の向こうであることがわかり、いったん引き返して呼び声を上げながら登っていった。

われわれの姿を見ると安堵したらしく、涙を浮かべていた女性もいた。持参してきたおむすびや水筒の水を分け与えたりするなどして小休止となったとき、わたしは美しい星空を眺めていた。軍隊で教わった星座の見方が役に立ってすぐにオリオン座や北斗七星を見つけることができたが、町で見る星空と変わりはないのに特別な感傷を抱いてしまった。

山を下りるとき遭難した人たちの足元まで照らさなければならず、急ぐこともできず遅々とした歩みになっていた。登山口に着くと輸送車が待っており、最終の電車に間に合うことがわかってだれもがほっとした。登ってみたいと思っていた妙義山であったが、思いがけずにガケを降りたり、遭難救助のために夜間に登ることができた。

＊酔っぱらいの録音テープ

酔っぱらいが暴れているとの一一〇番通報があり、現場に急行すると通行人にからんでいた。住所や名前を尋ねたが返事もせず、乱暴をやめないために保護することにした。パトカーに乗せようとすると、おれはお巡りのようにただ酒を飲んだんじゃないぞと言い出した。説得してパトカーに乗せようとすると、令状を見せろと怒鳴り、無理に乗せようとすると人権蹂躙《じゅうりん》だと言いだした。本署に着くと、平《ひら》じゃ話にならないから署長を出せと怒鳴り、いつになっても身元を明らかにしようとしない。

けさの新聞にお巡りが強盗したことが出ていたが、おれから金を取ろうとしても、その手には乗らないぞと言いがかりをつけてきた。巡査に注意されると我慢できなくなったらしく、市民に親切にするのがお巡りじゃないのかと言った。暴言を吐きつづけて言いたい放題のことを口にしたが、酔いが覚めると覚えていないと言い出す者がいることがわかっていた。『説得の仕方』を読んだことがあり、酔っぱらいの言動をテープに収めることにした。

時間が経過してきたためか少しばかり酔いが覚め、ようやく住所と名前がわかった。奥さんにきてもらって話を聞くと、ふだんはおとなしいのですが、酒癖が悪くて人様の迷惑をかけてしまうのですと言った。奥さんには頭が上がらないらしく神妙になっており、威張っていたときと様変わりしていた。

「校長先生よ、警察でどんなことをしゃべったかテープに収めてありますよ。よろしかった記念に差し上げますが、参考にしたらどうですか」

テープを受け取ったときには正気に戻っており、気まずいような表情をしていた。少しでも本人の役に立つように考えたが、アルコール依存症を改めるのが容易でないことはわかっていた。

駐在所から盗難事件の報告があったが、それは一人暮らしの老婆がたくさんの株券を盗まれたというものであった。ただちに本部に報告し、鑑識係をともなって現場に急行した。資産家らしく二階建ての木造の建物に住んでいたが一人暮らしであり、どのように株券が盗まれたか尋ねたが盗まれたと言うばかりであった。事実がはっきりしないため東京の息子さんに電話したが通じないし、どこの会社の株券なのかわからない。本人の承諾を得たのでタンスや金庫などを調べたが、盗まれた様子はまったく見当たらない。株券をどこにしまったのか覚えていないというし、探す場所もなくなってふたたび東京の息子さんに電話した。

母の物忘れがひどくなったため引き取って面倒をみようと思ったのですが、東京はいやだと言うので、母の同意を得て株券などの貴重品を預かっていますと言った。電話を母親に代わってもらってじかに話してもらうと納得したらしく、これで済むものと思った。帰ろうとするとふたたび株券を盗まれたと言い出し、説得すると納得したらかった。物忘れがひどいのかどうかわからないが、正常と異常が混在していることがわかった。

＊公務と私的のけじめ

三年が経過すると署長と次席もつきづきと交替し、いろいろのタイプのあることがわかった。初めは捜査のベテランであり、つぎが防犯の仕事をしてきたおとなしい署長であった。四年目にやってきたのは監察官を経験したうるさ型の署長であり、堅物と思える人物であった。

係長は三年か四年での転勤が定着のようになっており、四年目になったため、ことしは異動するものと思われた。署長が望んでいたのは勤務成績を上げることと、部下の不祥事をなくすことであった。部下は上司の指導監督に従わなくてはならず、反対すると使いにくいやつとみなされて左遷されたりする。

出世したい者は上司におべっかを使ったりするが、そのようなことは大嫌いであった。署長から指示されても意に反するときは、賛成も反対もせずに沈黙することもあった。警部補になって三年が経過したため警部試験を受ける資格がつき、署長から受験するように指示された。個人のことに干渉してもらいたくないため断ると、気分を壊したらしく不服の表情を浮かべていた。

次席がどのようなタイプかわかっており、署長に従順であったが部下には厳しかった。歳末になったとき幹部一同を集め、次席から一つの提案があった。それは幹部一同で署長にお歳暮を贈るというものであったが、このようなことは嫌いであった。これは個人で考えればよいことであったが、警察には公私を混同している者が少なくなかった。

私的なことまで部下に言いつけている者がいたが、階級は私的なことには関係のないことであった。異議をとなえる者が一人もいないため、わたしの個人の意見ですがこのことに賛成することができませんと言った。次席との間にわだかまりが生まれるようになったが、わたしは自分の生き方をしたいだけであった。

三月の定期異動で境署に転勤になったが、どんなポストにつこうと公僕として働くだけであった。外部の人が警察をどのように見ているか知りたくなり、安西愛子著『警察と私』や佐藤功著『警察』や古畑種基編『警察心理学』など読んだ。それぞれの人の考えは異なっていたが、参考になることが少なくなかった。

＊ギャンブルが生きがい

境署も署長以下の署員は三十数名であり、捜査係は鑑識を含めて六名であった。管轄していたのは境町のみであったが、利根川の右岸にも一つの集落があった。むかし利根川の大洪水があって流れが変わったためだといわれており、船が利用されていたため宿場にもなっていた。蚕糸業も盛んであったといわれており、あちこちにその面影が見られた。

管内でもっとも多く発生していたのは空き巣ねらいであり、裏づけ捜査のために伊勢崎や太田や埼玉県に出張することがあった。

最初に取り扱ったのはギャンブルに凝った男の寸借詐欺であり、交通事故を装っては三千円をだましていた。被害額が少なく返済を期待している者が多かったらしかったが、届け出があったので捜査に乗りだした。手がかりになるものがなかったが、不審に思った主婦がつけていた自動車のナンバーによって犯人を割り出すことができた。家にも寄りつかず割賦で購入した自動車代金も支払わず、競艇場に通っていると思われた。駐車場をめぐって自動車を見つけ、競艇が終わって乗ろうとしたので職務質問すると、だましたことを認めたため任意同行を求めて取り調べをした。

「サラリーマンとして働いていたが、花火の音（競艇開催の知らせ）が聞こえると仕事が手につかなくなったのです。クビになったが生きる方法が見つからず、だまし取った金を手にすると、速度違反や信号無視を繰り返して競艇場に駆けつけていました。以前にも詐欺で捕まっていますが、どうしてもギャンブルをやめることができないのです」

このように供述したため逮捕状を請求し、逮捕してさらに取り調べをつづけた。何事も熱中するとやめられなくなる人がいるが、この若者はギャンブルを生きがいにしていた。更正させてやりたいと思ってギャンブルで身を滅ぼした人の話をすると神妙に聞いていたが、やめられるかどうかわからない。

＊危険な遊び

正月に故郷に戻った友達を交えて数人で酒を飲み、むかしを懐かしんで話し合っていた。一人が釣り舟の話を持ち出すとみんなが同調し、定員を超えて無断で乗りだした。魚を捕っていたときに投網がクイにひっかかって転覆し、全員が利根川の急流に投げ出された。四人は自力で岸に泳ぎ着くことができたが、東京からやってきた友人のみ行方がわからなくなった。警察官や消防団員が非常召集されて行方不明の男を探したが、いつになっても発見することができない。定員をオーバーしたり酔っていたから無謀であったが、五人にとっては楽しいことであった。事故にならなければよい思い出になったかもしれないが、危険が背中合わせになっていたことはだれも予想していなかったに違いない。

だれかが危険だからやめようと言い出す者がいたら、ことによったら状況は変わっていたかもしれない。仲間はずれになりたくないためか、異論を口にする者はいなかったための悲劇であった。翌日も捜索がつづいたが発見にいたらず、母親の言いしれぬ表情がいつまでも残っていた。

水遊びをしていた子どもがおぼれて流され、母親が叫び声をあげたため近くで洗車していた若者が聞きつけた。飛び込んで助け上げて人工呼吸をし、救急車が到着したときには息を吹き返していた。若者が助けていなかったら流された子どもがどのようになったかわからないし、若者が身につけていた人工呼吸も幸いした。

母親の話を聞くと、水遊びは危ないと何度も注意したというが、子どもは遊びに熱中すれば忘れてしまうものである。網が張ってあるから安全と思っていても、子どもは危険であるかどうかわからず網の目をくぐってしまう。柵があっても乗り越えたりするし、ベランダに箱があれば階段の役割みたいになって、その上に乗って転落することもある。親がついていれば安全かもしれないが、子どもは自由や危険な遊びを求める傾向がある。

子どもの事故を防ぐには言い聞かせるだけでなく、どのようなことが危険であるか体に覚えさせることが大切である。

＊家出した高校生

家出人の捜索願があったが、家出の動機もさまざまであり犯罪に巻きこまれることもある。いつになっても見つからないこともあるが、家出なのか誘拐なのかはっきりしないことがあり、母親から詳しく話を聞いた。

「中学校の成績がよかったため、進学校といわれた高校に入学させたのです。このままでは一流の大学は無理だと先生にいわれ、勉強するように発破をかけつづけのです。夏休みが終えると姿を見せなくなり、あちこち心当たりを探したが見つからず、警察にお願いするほかなかったのです」

型通り人相や着衣などを聞いて家出人票を作成したが、犯罪にかかわっているとは思えなかった。半年ほどしたとき、家出した少年が北海道のすし店で働いていることがわかり、無事に保護されたため母親が警察にやってきた。

「息子が見つかりましたが、このようになっては一流大学の進学はあきらめるよりほかはありません」

息子さんが見つかったことをよろこぶより、進学できないことを悔いているようだった。

「世の中が偏差値教育の虜のようになっているような気がしてならないんです。一流の大学を卒業して一流の企業に就職させることが子どもの幸せと思っているようですが、子どもは勉強についていけず家出したのではないですか。子どもと話し合ってどのように考えているか聞き、望んでいる道を歩かせるようにしたらどうですか。家出が無駄になったと考えているようですが、他人の家にやっかいになったことはよい経験になったのではないですか。学校で学ぶことができない経験をしており、これからの人生に大いに役立つのではないですか。生活をしながら学んでいくことも大事なことですし、出世することが幸福のバロメーターにはならないと思うのです」

教育には門外漢であったが、『偏差値』や『家出の心理』など読んだことがあったため参考にすることができた。どのように受け取ったかわからないが、ありがとうございましたと言って帰っていった。

＊どろぼう人生

一夜に数件の農家ばかりねらった忍び込みがあり、現場には月星のマークの入った足跡が残されていた。この手口によって埼玉や栃木にも多発しており、犯人が電車を利用しているものと思われた。犯人はいつやってくるかわからないし、管内には三つの駅があったから張り込みをするには人出が足りなかった。そのため電車内の捜索をすることにし、一か月以上もつづけたときに月星マークのついた長靴を履いた不審者を車内で発見した。

「あなたの履いている長靴は、農家の窃盗事件の現場にあった足跡と似ており、長靴の底を見せてくれませんか」

このようにいうといきなり、どろぼう扱いされんじゃ人権蹂躙で訴えてやるぞと大きな声で反発した。本署まで任意同行を求めると拒否したが、職務質問を取りやめることはできない。説得をつづけると任意同行に応じ、所持品の提示を求めると拒否したため説得をつづけた。しぶしぶと腹巻きから百万円の二つの札束を取り出し、出所《でどころ》を追及するとB競輪で大穴を当てたと言った。盗まれた腕時計を持っており、裏づけられたので否認のまま通常逮捕した。弁護人が選任できる旨を伝えると、徹底的に争うから弁護士会会長を頼んでくれと言った。

本部の鑑識課から電話があり、指紋は採取されていないが、火鉢から採取した掌紋が合致したと伝えてきた。

「Yさんが否認していても、火鉢から掌紋が採取されているが、それでも認めることができないんですか」

「いままで何度も警察に逮捕されているが、すべて呼び捨てであり、どうしてYさんと呼ぶのですか」

「どんな人でも人間であることに変わりないからだよ。火鉢からYさんの掌紋がとれているが、それでも否認をつづけるつもりですか」

「指紋をつけない自信はあったが、火鉢の下に現金が隠してあるか両手で抱えて調べたことはあるよ。否認していても起訴されるのは間違いないし、すべて認めることにするよ。おれは子どものときから盗みをしており、少年院に入れられても更生することができず、刑務所に入ったり出たりの生活を繰り返していたんだ。シャバにいるときは刑事に捕まらないように気をつけ、ムショにいれば食べることにも寝ることも不自由をしないんだ。みんな悪いことをした仲間だから気軽に話し合えたし、刑期が終われば釈放されるんだ。おれが弁護士会会長を頼んだのは無罪を勝ち取るためだったが、これからは刑を軽くしてもらうことにするんだ。裁判官だって検察官だってみんな司法修習生の仲間だし、偉い弁護士の方が役に立つことがわかっていたよ。仕事がなくても生きていかなくてはならず、盗みをするには元手はいらないんだ。それだけでなくギャンブルに似たところがあるし、宝探しみたいなところがあるからやめられないんだ」

　盗みの病は自分で治すほかないんだと話すと、だまって聞いていただけだった。たとえ反省する気持ちがあったとしても、このような考えがあっては立ち直るのはむずかしそうだ。いままでにたくさんの窃盗の被疑者を取り調べてきたが、このようなどろぼうの哲学を持った者がいたことを初めて知った。以前読んだことがあったが、ジュネ著『泥棒日記』や吉行淳之介ほか編『泥棒の本』を読み直した。

横井軍曹がグアム島のジングルで発見され、どのように生きていたのか関心があった。沖縄が日本に復帰することになり、身近な問題としてとらえることができた。連合赤軍が浅間の山荘に立てこもり、銃撃戦になるとテレビから目が離せなくなった。妙義山や浅間山の情景がつぎつぎに浮かんできたが、二年前であったら捜査に加わっていたことになる。

＊万引きの女性

境署に三年間勤務すると、県下でもっとも大きな前橋警察署に転勤になった。捜査一課の係長となったが、課長以下三十人の陣容であり、日常的に発生しているのが空き巣や忍び込みであった。

犯罪はいつ発生するかわからず、真夜中に非常召集されて徹夜の張り込みをすることもあった。すぐに解決する事件もあれば長期を要するものもあるが、検挙になるまで捜査をつづけなくてはならない。三つの班に分かれており、いずれかが突発事件に備え待機の姿勢がとられていた。

デパートの警備員から、万引きの女性を取り押さえたが何もしゃべらないため警察で調べてくれませんかとの電話があった。警備室には顔見知りの先輩がいたので話を聞くと、万引きはよほどのことがないと警察に知らせることはなく、説諭にすることが多いと言った。

万引きをしたというのは三十歳ぐらいの小柄な女性であったが、言葉をかけてもうつむいたままであった。話を聞きたいから警察まで来てくれませんかというと重い腰をあげ、耳が聞こえることがわかった。ようやく住所と名前を名乗ったので確認のために電話すると、他人の名をかたったことがわかった。そのことを追及すると、新聞に出されて主人に知れると大変なことになってしまうんですと言った。とりあえず夫に電話して警察署にきてもらうと、部屋に入ってくるなり怒鳴りつけた。

女性が恐れていたことが現実のものとなり、どのように取り扱うか考えさせられた。万引きだけだったら新聞記事にならないとしても、他人の名をかたったとなるとおもしろく取り上げるかもしれない。そうなればますます事態は悪化し、本人だけでなく家族の将来にも大きく影響をおよぼすことになる。

万引きという病にとりつかれてやめられなくなった人がいることも知っており、なんとかして更生させてやりたいと思った。

「過去に万引きをしたことがあるかどうかわかりませんが、被害品は返っているし、反省していれば微罪処分にすることができるんです。ふたたび万引きをすると逮捕されたり、それでもやめられないと刑務所にいくようになるかもしれないんです。犯したことは取り消せませんが、これを糧にすれば、よりよい人生を送ることができるんじゃないですか」

そばにいた夫にも聞かせるようにいろいろと話すと、女性の表情にわずかな変化が見られた。夫が温かく迎えることができれば立ち直ることができるし、いつまでも責めるようにしたら妻の立つ瀬がなくなってしまう。微罪処分の方がよいと思ってやったことが裏目になることもあるが、二人が帰っていく様子を見て少しばかりほっとした。

＊断食と黙秘の抵抗

アパートに盗みに入った男が住民に見つかり、追いかけてきた男に抵抗したが取り押さえられた。一一〇番通報によって駆けつけたパトカーの巡査に引き渡され、本署に連行されてきたので、逮捕事実を告げて弁解の機会を与え、弁護人が選任できる旨を伝えて取り調べを始めた。本籍や氏名を尋ねても黙秘したままであり、どこのだれかわからないために強制的に指紋を採取して調べると、前科四犯の窃盗の常習者のAさんであり、G県の警察署から指名手配されていた。

逮捕されたとき数十万円の現金と五個の指輪を所持しており、入手先を尋ねてもだまっていた。主婦から窃盗の被害届があり、盗まれた現金や指輪を所持していたので追及しても認めようとしないだけでなく、現行犯逮捕された事実についても何も語ろうとしない。取り調べを打ち切って留置場に収容したが、何を考えているかわからないが食事をしようとしない。

翌朝、取り調べを開始するや否や、おれが持っていたダイヤの指輪が警察に来てから盗まれたと言い出した。持ち物はすべて写真に撮ってあるがダイヤの指輪はなかったと話すと、警察のやり方なんか信用できるもんかと言った。

「盗まれた被害者がいるし、Aさんがそれを持っているんですよ。どこで手に入れたか話してくれませんか」

「おれは好き好んで警察にやってきたわけではなく、盗みをしたというんなら警察で証明すればいいじゃないか」

黙秘するだけでなく、断食をつづけていたため警察医に往診してもらったが異常はなかった。検事さんの取り調べでも黙秘しており、膠着状態がつづいてふたたび十日間の勾留が認められた。修行僧ならいざしらず、どうして窃盗の常習者が黙秘と断食をつづけるのか理解できなかった。

二回目の健康診断にやってきた警察医から説得され、仕方ないような表情をして食事をした。危険を犯して手に入れたものだから手放したくないと考えている被疑者もおり、黙秘している理由が少しはわかった。食事をするようになると世間話に耳を傾けるようになり、聞き込みによって情婦のいることがわかった。

アパートの一室の家宅捜索をすると、たくさんの貴金属やカメラや高級な洋酒などがあった。情婦には偽名を使っており、ぞう品照会によって一部は盗難品とわかった。

どのように追及しても買ったものだと主張するばかりであり、買った先は覚えていないと言った。逮捕したときの目つきは鋭かったが、留置場の規則正しい生活をしているうちに柔和な表情になった。

真実を明らかにするためには自白も欠かすことができないが、かたくな被疑者の心を開かせるのは容易ではなかった。裏づけがとれたものをしぶしぶと認めたが、自ら自供することはなかった。このようにして証拠があるものは送検できたが、すべてを明らかにすることはできなかった。五十五日間におよんだ捜査を終えてから『盗みの考現学』を読んだが、類似の事件を見つけることができなかった。

＊家庭内の殺人

男が刃物で刺されたとの一一〇番通報があり、現地に到着すると被害者は救急車で運ばれるところであった。座敷にはべっとりと血が付いており、泣き崩れた女もいたが、出刃包丁を手にした男がぼう然と立っていたので話を聞いた。

「わたしは長距離のトラックの運転手をしており、仕事がキャンセルになったので家に戻ったのです。男物の靴があったのでおかしいと思い、部屋に入ると妻と男が裸で風呂場から飛び出してきたのでカッとなり、台所にあった出刃包丁で男を刺してしまったのです」

このように言ったとき、病院に運ばれた男が死亡したとの知らせがあり、泣き崩れていた妻から事情を聞いた。

「夫はまじめ過ぎるほどまじめであり、酒を飲まないがわたしは酒が好きなんです。夜中も物足りなさを覚え、けんかになることもあったのです。夫が長距離の自動車の運転手であり、戻ってくるまで何の用事もなかったのです。憂さ晴らしにカラオケバーにいくようになり、妻が病弱だというMさんと親しくなったのです。夫がいつ戻ってくるかわかっていたため、家に呼んで酒やビールを飲むようになったのです。Mさんと一緒に風呂に入っていたとき、何の前触れもなく夫がいきなり帰ってきたのです。あわてて飛び出して着替えることもできず、Mさんは出刃包丁で夫に腹を刺されたのです」

身元の確認のために被害者の奥さんに電話したが、いきなり死亡を伝えることができにくかった。だんなさんがけがをして病院に運ばれたと伝えると病院に見えたが、気丈なのか、愛想を尽かしていたのかわからないが悲嘆にくれた様子はなかったという。

このようにして発生した殺人であったが、どうして防ぐことができなかったのだろうか。夫が妻の浮気に少しでも気づいていればともかく、まじめだった夫は妻を疑わなかったのかもしれない。人は突発の出来事に遭遇したとき本性をあらわすと言われているが、人を愛する気持ちがあったら、このようなむごいことはできないのではないか。妻は愛人を殺されて夫は殺人の罪で逮捕されてしまい、浮気の代償はあまりにも大きかった。

子どもが親を殺したり、親が子どもを殺す事件は珍しいことではない。折檻《せっかん》されて幼児が死に追いやられたり、介護や育児にまつわる家庭内の悲劇が生まれたりする。家庭内の出来事は他人に知られることは少ないが、逃げ出したいと思っても頼りにする場所がなかったりする。ギャンブルやアルコールや覚せい剤にまつわる悲劇もあるが、予防に努めていても後を絶つことがない。

一人の若者が父親を殺したとして自首してきたが、それは数年前の出来事であった。

「高校を卒業して料理店で働いて運転手などし、いまは会社に勤めているのです。いつになっても父親を殺したことが忘れられず、上司に打ち明けると警察に自首するようにいわれたのです。酔っぱらっては母親に金の無心をし、断ると乱暴するため我慢できずに絞め殺してしまったのです。そのときは憎いと思っていましたが、父がいなかったらわたしが生まれなったのに気づいて自首することにしたのです」

中学三年生のときに死体を山の中に埋めたと供述したが、その付近は宅地造成されていたから場所がはっきりしない。一人で死体を運ぶのがむずかしいと思われたので追及すると、かばいきれずに母親の名を口にしたため話を聞いた。

「夫と二人で中華料理店を経営して営業が順調にいっていたのですが、友人に誘われて競輪にいって大穴を当ててから病みつきになったのです。店の売上金を持ち出すようになったので注意するとけんかになり、ものを質に入れたりサラ金からも借りるようになったのです、いつまでもギャンブルがやめられず廃業に追い込まれ、一緒に生活することができずに長男とアパートで暮らすようになったのです。酒を飲んでやってきては金をせびられ、断ると乱暴されてしまったのです。六年前の十二月の半ばだったと思いますが、このときも酔っぱらってきては金をせびられ、断ると乱暴されたのです。見かねた息子が取り押さえると反発され、わたしがパンティストッキングで首を絞めたのです。殺そうと思ったわけではなかったのですが、死んだことがわかると、どうしたらよいかわからなくなったのです。暗くなるのを待って息子と二人で自転車で裏山に運び、シャベルで穴を掘って埋めたのです」

母親がこのように供述し、息子さんの供述や現場の状況とも合致したため二人を殺人の容疑で逮捕した。これに似たケースはあると思われるが、刑事事件にならないとよほどのことがないかぎり公になることはない。はたからはささいな出来事と思われていることであっても、当事者にはとてつもなく深刻な問題であったりする。公にしたくないため我慢したりするが、限界に達すると取り返すことができない悲劇になったりする。息子さんは重荷から開放されたようだったし、母親にもさばさばした表情が見られたことが救いであった。

＊幼児を折檻《せっかん》死

病院から、母親が幼児を連れてきたがすでに死亡しており、体のあちこちに傷があるので連絡しますとの電話があった。病院に駆けつけて体を調べると、あちこちに殴られたような傷があり、母親に任意同行を求めて事情を聴いた。

「六歳になる長女と三歳の長男と三人で食事をしていたが、長男がぐずぐずいって食事をしようとしなかったのです。腹が立ったのでそのままにして三十分ほどして部屋に戻るとぐったりしていたのです」

「腕にヤケドの跡があり、腕や足にも皮下出血がありますが、どうしてできたのですか」

「いたずらをしたり、遊んだりして転んだこともあり、そのときストーブに触れたものです」

「どのようないたずらをしても、自分の背中に傷をつけることができないのではないですか」

「わたしが殴ったかもしれませんし、どうなってもいいと思ったから医者には連れていかなかったのです」

解剖の結果、外傷性ショックであり、胃の中が空っぽであったため殺人の容疑で逮捕して取り調べをした。

「胃の中が空っぽということもわかったし、あちこちにヤケドの跡があるが、そのことを説明してくれませんか」

「長女はわたしに似ていたのですが、長男は別れた夫に似ていたから憎かったのです。夫が酒乱であったので離婚したとき長女は四歳でしたが、生まれたばかりの長男を乳児院に預けたのです。二歳になったので引き取らざるを得なくなり、育てるのが面倒になったので食事を与えなくなったのです。このままでは死ぬかもしれないと思ったが、医者に連れていく気にもなれなかったのです」

ヤケドの跡について追及すると、やかんの熱湯をかけたといい、日常的に虐待がなされていたことがわかった。子どもがなつかなかったから折檻したというが、このような乱暴を加えてはなつくはずがない。

子どもは親であるかどうかは関係がなく、親切にしてくれる人を好きになるものである。別れた夫を憎んでいても子どものに当たり散らすのは筋違いであり、殺人の罪に問われても致し方のないことであった。

検察官は常軌を逸した残虐な行為であるとし、情状酌量の余地はないとして殺人の罪で八年を求刑した。これに対して弁護士は、これは一種のしつけであって殺す意志がなかったことは明らかであると反論して傷害致死にするように求めた。被告人は反省の言葉を口にし、一人ぼっちの長女がかわいそうだからと涙で訴えていたが、どんなに反省しても失われた命は戻らない。何回かの公判を重ね、逮捕から六か月が経過したとき傷害致死で懲役五年の実刑が言い渡された。

弁護士の主張が入れられて傷害致死になったが、判決文のなかでは、死亡した幼児が受けた苦痛と恐怖は想像するたびに胸が痛み、母親の資格はまったくないと断罪された。殺す意志はなかったと供述していたが、事実を知っているのは本人のみであった。『くらしの中の犯罪』や『現代社会の罪と罰』など読み、さまざまな事件の原因を知ることにした。

＊届けにくい性犯罪

性に関する道徳観念はテレビなどの影響もあり、時代とともに変化している。欲望を満たすための犯罪はいろいろあるが、性的な犯罪の被害者の精神的な打撃は大きい。性犯罪のもっとも多いのが二十代といわれているが、欲望が強くて理性がともなわないからかもしれない。酒に睡眠薬を入れて女子大学生を眠らせて暴行した大学生がいたが、性的な犯罪はギャンブルやアルコール依存症に似たところがある。

夕方から雨が降り続いており、時計の針が十時を回ったときに、うつむき加減の若い女性が母親に連れられて見えた。娘さんが話しにくいというので母親が話した。

「娘が泣きながら帰ってきたので話を聞くと、若い男に利根川の河川敷に連れていかれ、乱暴されそうになったので逃げ帰ったと言ったのです。娘は届け出ることをいやがっていたのですが、ほかに被害者が出ても困ると思い、娘を説得してやってきたのです」

つぎに娘さんから事情を聞くことにした。

「わたしは二十歳の大学生ですが、雨が降っていたので停留所でバスを待っていると、白っぽい車がとまったのです。家まで送ってあげましょうと誘われたが断ると、ふたたび親切そうに声をかけられたのです。車が動き出すとわたしの家とは違う方向にいったが逃げ出すことができず、利根川の河川敷まで連れていかれたのです。すぐに後ろの座席に乗り込んで抱きついてきたため、何をするんですかと大きな声を出して払いのけようとしたのです。狭い場所だったから身動きができず、スカートとパンツを脱がされ男もズボンを脱いで強引に迫ってきたのです。体をねじりながら必死に抵抗し、男が手をゆるめたすきにスカートやパンツを抱えて逃げ出したのです」

話を聞き終えたのでけががなかったかどうか尋ねると、恥ずかしそうに大腿部を見せてもらうと、擦り傷があったので医師の診断を受けてもらうことにした。真実を明らかにするためには答えにくいことでも聞かなくてはならず、女性は「大久保事件」を知っていたが参考にできなかった。自動車に乗ってしまえば自由を奪われてしまい、強姦されて殺されたりする例は少なくない。

犯人の手がかりは皆無にひとしかったため、雨の日に婦人警察官にバス停で立ってもらうことにした。白い車がバス停にとまって私服の婦人警察官を誘ったため、チェックされたナンバーによって運転した者がわかった。まじめに会社に勤めており、身辺の捜査をしたが悪評を聞くことはなかった。やむなく呼び出して事情を聞くことにすると、おろおろしながら警察にやってきて婦人警察官に声をかけたことはすんなり認めた。

河川敷に連れていったことについて尋ねると、なぜか口を閉じてしまった。人はよいことはしゃべっても悪いことはだまったり弁解する傾向があることがわかっていた。一つ一つの事実をあげてイエスかノーかで答えてもらうことにすると、ようやく重い口を開いた。

「雨の日にバス停で女性に声をかけると、いったんは断られたのです。同じ方向にいくのだから乗せてあげますよというと、すいませんといって後ろの座席に乗ったのです。利根川の河川敷に連れていって乱暴しようとすると抵抗され、逃げられたが追いかける気にはなれなかったのです」

裏付けをとることができたため逮捕して取り調べをしたが、気の弱い面があることがわかった。セックスに対する執着心は強くて、よこしまな心を払いのけることができず、婦人警察官とも知らずに誘っていた。

会社ではまじめに勤務していたし、おとなしいと見られていた男であったが、警察に逮捕されたとたんに悪者扱いされた。男は何度も反省の言葉を口にしていたが、おこなわれたことは取り消すことができない。どんな悪人にも良心の芽が宿っていたり、善人と言われている人にも悪心がひそんでいることがわかるようになった。逮捕されても人間であることに変わりなく、前科者と取り扱うと更生の妨げになるだけでなく、ときには報復されることもある。

＊殺されると叫んだ男

当直の勤務をしていたとき、真夜中に農家の主人から一一〇番通報があった。

「玄関の戸をたたき、おれは人を殺してきた、こんどは殺されてしまうとわめいていたのです。表に出ると姿が見えず、気になったので電話したのです」

パトカーが現場に駆けつけて付近を探し、男が草むらに隠れていたのを見つけて職務質問をした。制服の警察官を見ても殺されるを連発しており、覚せい剤の中毒者と思われた。腕をまくるとたくさんの注射の跡があり、本署に連行して取り調べると覚せい剤の犯罪歴のあるKさんとわかった。

覚せい剤の所持や使用は法律で禁止されているだけでなく、中枢神経を刺激する効果があるといわれている。注射することによって陶酔感や快感を味わうことができるが、効力が失われると、うっとうしくなり、陶酔感を味わうために繰り返されるという。繰り返すことによって心も体もむしばまれてしまい、自分をコントロールすることができずに凶暴性を帯びたりする。

覚せい剤を取り扱っている多くの者が暴力団に関係しており、クスリを注射すれば疲れがとれますよと呼びかけられたりする。一度でも手にすると腐れ縁になり、やめようとすると暴力団に脅されてずるずると深みにはまったりする。密輸されたときには安値であっても末端の取引は高価になり、暴力団の資金源の一つになっているから取引はつづけられる。

男の尿から覚せい剤の反応が出たために逮捕になり、取り調べによって暴力団員から買い受けたことが判明した。暴力団員を逮捕したが、知らない外国人から買ったというばかりであり、どうしても覚せい剤のルートを明らかにすることができなかった。

覚せい剤の詳しいことを知ろうと思って『白い粉の恐怖』や『麻薬・薬物依存の生体と心理』などを読み、覚せい剤の取引が暴力団の資金源になっていることがわかった。やめようと思ってもやめられないのは依存症のためばかりではなく、脅されて警察に届け出られないからであった。暴力団に弱みを握られると政治家や弁護士や芸能人などもターゲットにされ、これも脅されて警察に届けることができない。

＊正月の連続放火

平穏に新年を迎えることができたが、一月五日に自動車のカバーが燃えるという不審火があった。数日すると会社員の物置の軒下のゴミが燃えたため放火の疑いがあり、警戒を強めていたが、つぎつぎに同様の事件が発生したため捜査本部が設置された。

発生時間は午後六時から八時ごろまでが圧倒的に多く、発生場所は駅の周辺や繁華街を中心にした半径が二キロメートルほどであった。捜査員は昼は聞き込みにあたり、夜間は張り込みなどし、目撃者によってアノラック（頭巾つきの防寒着）を着た若い小柄の男の犯行の疑いが出てきた。

火の気のない空き家の軒下から出火して全焼したが、この日は朝から降り続いた雪が数センチに達していた。雪の上にくっきりと靴の足跡があり、足跡によってS社製の防寒用サンダルとわかったが、あざ笑うかのようにつぎつぎに発生した。

アノラックを着た防寒用サンダルを履いた男を焦点に捜査をすすめると、アパートに住んでいるMさんが捜査線上に浮かんできた。自転車で外出中に市内の繁華街のゴミ収集容器が燃えたが通行人によって消し止められ、火災があった数分後にMさんは自転車で帰宅していた。このときもMさんは防寒用サンダルを履いており、アパートの周辺や雪の上から採取した足跡が合致したため容疑が濃厚になった。

任意同行を求めて事情を聴取し、昨夜は午後七時二十分ごろ自転車でアパートに戻ったが、どこにいってきたのか尋ねた。昨夜は映画館の近くのゴミ箱にライターで火をつけたといい、すべての放火について自供するようになった。

「正月に街に出かけたとき、楽しそうにしている人たちを見てうらやましく思ったのです。近所の人の自転車を借りて暗くなって街に出かけ、バイクのカバーにライターで火をつけるとすっきりした気分になったのです。外出したときに火をつけるようになると、人が騒ぐのがおもしろくやめられなくなったのです。雪の日に空き家に火をつけたことがありましたが、人が住んでいる家には火をつけたことはありません」

この種の犯罪では否認するケースが多いが、Mさんは質問に対してあっさりと認めた。近所の子どもたちとしばしば遊んでおり、ばかにされても反抗できないおとなしい性格であった。放火犯人のイメージを抱くことができなかったが、失業していたためストレスがたまっていたことがわかった。

初めはバイクのカバーの放火であったがだんだんとエスカレートし、逮捕によってストップがかけられた。放火の原因はさまざまであり、いたずらであったり憎しみであったりするが、連続放火となると世の中の生活をおびやかすことになる。事件が解決してから読んだのは『放火の犯罪心理』や『正常の中の異常』などであり、人にはさまざまな心の動きがあることを知った。

八章　捜査第二課係長

＊ニセモノか本物か

捜査二課の係長が転勤になったため、わたしはその後釜になった。手形パクリの事件で三人が逮捕されていたが、捜査が終盤に差しかかっていた。主犯者には詐欺の前科があったから起訴されるものと思っていたが、二回目の勾留が切れると処分保留で釈放された。検討がなされてわかったのは、重要参考人の供述にウソがあると思えたことだった。

捜査一課では犯人を割り出すのに苦労させられたが、物証によって事実を明らかにすることができた。ところが知能犯人は巧みに法網をくぐり抜けており、関係者の供述に頼ることが少なくなかった。物品であれば鑑定によって真偽を明らかにすることができるが、言葉のウソを明らかにするのは容易ではない。犯罪の捜査は真実を明らかにすることであり、犯人と刑事の智恵くらべみたいなところがあった。知能犯や暴力団に関する書物と読み、さまざまな事件に備えることにした。

質屋さんから、ニセのダイヤをつかまされたとの届け出があった。宝石のことはよくわからず、宝石に関する本を読んでから鑑定に出した。鑑定の結果、「ダイヤモニヤ」という人造合成石であり、正式名が「イットリユーム・アルミニユーム・ガーネット」とわかった。電子機器の部品として開発されたものであり、ダイヤに似ているため「セカンド・リング」として代用されているという。一部の宝石商で取り扱っているが、高価な宝石には保証書がつけられているという。

入質者のSさんには犯罪歴がなかったが無職であり、任意出頭を求めて取り調べをした。

「Sさんが質に入れたダイヤはどこで手に入れたものですか」

「道を歩いていたとき、通りがかった自動車に乗った男に声をかけられたのです。宝石商をやっているが、売れ残ったダイヤを安くするから買ってくれませんかと言われたのです。本物のダイヤと思って買ってしまい、資金が必要になったので質屋に入れたのです」

「どうして高価なダイヤを質に流したのですか」

「資金の都合がつかず流してしまったのです」

「本物であれば、サラ金から借りるなどして受け出すのではないですか」

「人をだますようなことはしていませんし、ニセモノであればサラ金から借りて受け出すことにします」

このように言ったが、Sさんの話には納得できないものがあった。ニセモノか本物であるか知っているのはSさんのみであり、それ以上の追及ができなかった。

ニセ版画が出回っているとの情報を耳にし､現物を手に入れるため美術愛好家をめぐった。手にしたのは棟方志功先生の版画であり、鑑定会に出すとニセの版画とわかった。売っていたのはブローカーであったが、本物と思っていたと主張していた。入手先を尋ねると知らない人から買ったと言うばかりであり、身辺捜査をした。関係者の話により、版画を購入した先が静岡県の古美術商らしかったため、事実を明らかにするため古美術商の話を聞いた。

「美術大学を卒業して画家を志していたのですが、思うように売ることができなかったのです。生活に困ったが画家をあきらめることができず、棟方志功先生の版画をまねて画いていたのです。顔見知りのブローカーのSさんに見せたところ、これは棟方志功の版画そっくりだから売れるのではないかと言われたのです。売ることはできないと言うと、ニセの版画として売れば罪にはならないんじゃないと言ったのです。少しでも金になればよいと思い、取引はすべてSさんに任せたのです」

この話が真実かどうか確かめるため、ふたたびブローカーのSさんの取り調べをした。

「売っていた版画は、ほんとうに本物と思っていたのですか」

「ニセモノとして売れば罪にはならないと思って仕入れたのですが、どんなに安くしても売ることができないのです。わたしも美術商も生活に困っていたし、ニセの版画をそのままにしておくことができなかったのです。話し合って本物といつわって売ることにし、販売方法については任されていたのです」

「どのようにして売ったのですか」

「棟方先生の家族が生活に困っており、版画を安く手に入れることができたのです。一枚なら三十万円ですが、違いのある二枚をセットにすると五十万円で売ることができるんです。棟方先生の名前は知っていても版画の見方を知らない者が多く、売る口実も値段のつけ方も人によって違いました。売れるようになったために古美術商に実情を話し、たくさんつくってもらって売っていました」

売り先も判明したので話を聴くと事実に間違いなく、ブローカーのSさんがこのように供述したため古美術商も認めざるを得なくなった。このために二人を逮捕して家宅捜索すると、清水崑先生の版画の準備をしていたことがわかった。

すべての販売先が明らかになったが、鑑賞のために買った者や転売を考えていた者もいた。どんなにうまく画かれていてもニセモノは本物にはならず、買い受けていた者の多くが途方に暮れていた。これからニセ版画がどのような歩みをするかわからないが、だまされたことに気がついた代価は高価になっていた。

＊倒産のトラブル

家具店と債権者とがトラブルになったため、一一〇番通報があったので現場に駆けつけた。双方の話を聞いたが商取引なのか取り込み詐欺なのかわからないし、警察権は民事に介入することができなかった。犯罪と思料されれば捜査しなければならず、犯罪なのに商取引と判断すれば職務放棄にひとしくなりかねない。商取引か取り込み詐欺かわからないのに捜査を開始することもできず、推移を見守ることにした。

ある解説者が野球は筋書きのないドラマであると言ったが、このトラブルがどのようになるか予想することができなかった。

翌日、一人の債権者の告訴があり、詐欺の疑いがあったため捜査を開始した。企業犯罪の実態を知るために大野明男著『会社を狙う悪徳紳士』や小林建男著『乗取屋・買取屋・総会屋』を読み、少しは取り込み詐欺のことがわかった。K家具店の社長さんは債権者や暴力団に追われて雲隠れしており、見つけて事情聴取したがあまりにも複雑なものであった。

「わたしはT会社の社長ですが、うまい話をされてK家具の名義だけの社長になったのです。W社が倒産して債権者会議に出席したとき、債権委員長と副委員長にうまい話をされて取引を始めたのです。つきつぎにうまい話をされ、五十万円の報酬で名義を貸さざるを得なくなったのです。営業は債権者会議の副委員長だったY専務に任せており、インチキな営業をしていたことがわかったので代表を降りることにしたのです。すると、真夜中に脅しの電話がかかるようになり、妻もおびえてノイローゼのようになってやめられなかったのです」

うまい話をされてだまされたり脅されるなどしていたが、警察に届けることができなかったという。　関係する会社や参考人が多数いたり、重要参考人は呼び出しに応じようとしない。　裏づけ捜査に時間がかかったが、専務取締役のYさんの取り込み詐欺が立証できたため逮捕状を得て指名手配した。

半年後に北海道の警察で逮捕されて護送されてきたため取り調べをすると、すべての責任を社長のKさんに転嫁していた。徹底的に否認していたため、さまざまな資料を突きつけて取り調べをしたが、どうしても否認の壁を破ることができない。

取り調べる者と取り調べられる者の立場は異なっていたが、長くつづくと妙な人間関係が生まれてきた。供述に変化が見られるようになり、二人の黒幕に操られていたことを自供したため、取り込み詐欺の事実が明らかになった。ためらっていた検事さんは起訴に踏み切ったため、余罪についても取り調べをした。

K家具店で仕入れた家具の大半は、仕入値の半値でS商社が買い受けていた。すでに閉店していたが、仕入れた家具はストレートに親会社の都内のM家具店に流されていた。S商社の社長さんのぞう物故買の容疑が固まったので逮捕して取り調べをしたが、徹底して否認していた。資料を得るためにM家具店の捜索をしたが、K家具店との取引関係の書類はすべて破棄されていた。地元の警察や防犯団体や法曹界の資料があったり、暴力団との付き合いがあることもはっきりした。

「K家具店が入れた家具をすべて半値で買い受けており、ぞう物故買の疑いで取り調べているんだよ。すでにY専務からも事情を聞いており、K家具がどんな営業をしていたかわかるのではないですか」

「安値で家具を仕入れていたことは間違いないが、どんな営業をしていたか知らないよ。それがどうしてぞう物故買になるのかね」

犯罪が成立するためには、だまし取った家具であることを承知していたことが重要であった。M家具店の社長さんがSさんにつけた弁護人は、担当検事さんの元の上司の弁護士さんであり、ときどき接見室で被疑者と話し合ったが否認の姿勢に変わりはなかった。

再勾留になっても取り調べがつづき、さまざまな資料を突きつけてもかたくなに否認していた。親会社との関係についてはまったく話そうとせず、勾留の期限が近づいてきた。担当の検事さんと弁護士さんが話し合ったかわからないが、勾留期限が切れる直前に弁護士さんと接見して変化が見られた。

あくまでも想像にすぎないが、否認していても起訴されることに間違いないとわかったらしかった。詐欺師たちの多くは否認したまま起訴されるより、自供している方が刑が軽くなるとわかっているらしかった。しぶしぶ犯罪事実を認めたので起訴されたため、親会社の社長のMさんを共謀の疑いで捜査することにした。そのためにどのように捜査をすすめたらよいか、課長が検察庁に出むいて担当の検事さんと打ち合わせをした。

「逮捕するかどうか、それは警察に任せることにするよ。ぞう物故買は自供しないと起訴するのはむずかしく、その点を考えてくれないか」

検事さんが弁護人の意向を汲み入れていたかどうかわからないが、このような返答であったため、課長も逮捕状の請求を取り止めることにした。

もっとも責任があると思えたM家具の社長さんの内偵をつづけたが、詐欺まがいのことはたくさんあったが立証できるものは見当たらない。債権委員長は十年前に詐欺の容疑で逮捕されたが、不起訴になっていることがわかった。詐欺師の仲間から先生と呼ばれており、警察に捕まるようなやつは本物の詐欺師ではないとうそぶいているという。

どんなにあくどいことであっても、立証できなかったり罰則がなければ検挙することができない。捜査しながらさまざまなことを学ぶことができたため、磯崎史朗著『安売り商法のからくり』を読んで納得できたことが少なくなかった。

＊もぐりの金融

金に困ったとき、人はどのようにして資金を調達するのだろうか。盗みをするには資金がいらないというどろぼうもいれば、金もうけは人をだますにかぎるという詐欺師もいた。

金もうけにはさまざまなやり方があるが、多くの者が罰せられないように考えての犯行であった。節税と称する脱税があったり、談合や手抜き工事があったりするが、ばれないとわからない。

主婦がやっていた金もうけはまことに幼稚であったが、それでもだまされた人がたくさんいた。

「銀行や郵便局に預けるより、わたしに預けてくれれば高い利息を支払ってあげることができるんです。わたしの知人が大きな事業をやっているし、力のある代議士が役員をしているのです。その会社に融資をしているから年に一割の利息を支払うことができるんです。ふつうなら後払いですが、預けてもらったときに前払いをするから確実にもうけることができるんですよ」

株式では一割の配当をしている企業はあるが、利息の前払いに魅力があったらしい。十万円を預けるとその場で一万円の利息を支払ったため、口コミで大勢の人から金を集めることができた。だまされた人が詐欺で逮捕され、その口から主婦がやっていたことがわかった。主婦の身辺の捜査をし、すべてウソとわかったので任意同行を求めて取り調べをした。

「わたしは約束した通りきちんと一割の利息を前払いしているんですよ。警察に捕まると金を集めることも、利息を支払うこともできなくなり、すぐに釈放してくれませんか」

融資している会社もなければ応援を得ている代議士もいないことがはっきりし、詐欺の疑いで通常逮捕して取り調べた。五百万円を預けて五十万円の利息を受け取っていた会社の社長さんもおり、だまされていた人はすべて預けた金の中から利息を受け取っていた。

人は目の前の欲望にかられると盲目になるといわれており、冷静な判断ができなくなる人たちのいることがわかった。

＊結婚詐欺のやり口

結婚詐欺の被害にあった女性から届け出があった。

「わたしは二十八歳の独身のA子ですが、三十五歳の会社員のNと名乗る男に六百万円ほどだまされたのです。初めてわたしの家に見えたとき、この近くにKさんという家はありませんかと聞かれたのです。知りませんというと困ったような顔をし、俳句を見て話しかけてきたのです。仕事の都合でときどきM市に来ており、そのときに立ち寄らせてもらいますと言って帰ったのです。一週間ほどしたとき句集を持って見えたのですが、俳句のことに詳しかったのです。何度か会っているうちに親しくなり、遅くまで話し合ったとき泊めたのです。結婚を考えて肉体関係になってしまうと、金をせびられるようになったのです。断ることができず、定期預金を解約するようになったのです。金を出すことができなくなると姿を見せなくなり、だまされたものと思って恥を忍んで届け出ることにしたのです」

偽名であったため、どこのだれかわからない。結婚詐欺の犯罪歴のある者から洗い出すと、該当すると思われる人が浮かんできた。数枚の写真を被害者に見せると、すぐに身元が判明した。身辺捜査をするとB子という女性と同棲していることがわかった。B子さんから事情を聞くと、A子さんをだました手口と類似しており、結婚詐欺の疑いが濃厚になったので任意同行を求めて取り調べをした。

「A子さんから被害の届け出があったのですが、数百万円の現金をだまし取ったことは間違いありませんか」

「付き合っていたことは間違いないが、あれは事業資金として借りたものだよ。A子さんだって承知していたことであり、だましてはいませんよ」

「いまはB子さんと付き合っているが、どちらの女性と結婚するつもりですか」

「おれは独身だし、だれと付き合ったっていいじゃないか。どうして二人の女性と付き合ったことが結婚詐欺になるのかね」

　このように弁解していたが、結婚詐欺をしていたことが明らかになり、通常逮捕して取り調べをした。

「どうして結婚詐欺をするようになったのですか」

「一人だけだましたのであればどんな弁解もできるが、二人もだましていたことがわかったのでは、ほんとうのことを話すよ。刑務所を出たが、前科者だったからどこにも就職することができなかったんだ。一人暮らしの若い女性は人に頼りたがったり、結婚願望のあることがわかっていたよ。怪しまれないため、この辺にKさんの家はありませんかと言って訪ねていったんだ。部屋を見渡してどんな趣味があるか調べ、俳句の趣味があることがわかると俳句の話をし、生け花があると華道の話をしたんだ。脈があると思えると、ときどき仕事でM市にやってきますが、そのときに立ち寄らせてもらいますと言って付き合いを始めたよ。男女の交際だから結婚の話が出ても不思議ではないし、強姦でなければ罪にならないんだ。だましたりだまされたりすることはふつうの生活にもあることなんだし、肉体関係を持つと別れにくいこともわかっていたよ。さまざまなウソをいっては金をだましていたことは間違いないし、金を出し渋るようになると別の女を探したんだ。だまされた女にも弱みがあったから届け出をしないと思っていたが、刑務所にいってから再逮捕されるのもいやだし、もう一人の女性もだましているよ」

詐欺師はいろいろの知恵を働かせており、どの被害者も豊富な知識を持った詐欺師の心を見抜くことができなかった。大金をだまし取られたために人の見方がわかるようになったかもしれないが、だまされる前に人を見抜く力を養っておきたいものである。捜査を始める前に参考書を読むことが多かったが、捜査を終えたとき『デマの心理』や『異常心理と犯罪心理』を読んだ。

＊住宅ローンのからくり

取り込み詐欺の仕組みがわかるようになり、Hさんを逮捕して取り調べた。自宅や会社の事務所を捜索すると、二つの会社と住宅ローンを組んでいたことがわかった。取り込み詐欺が起訴になったため、住宅ローンにどんなからくりがあるか調べることにした。

Hさんが二つのローン会社と組んでいたのは、住宅用のものと店舗兼住宅の二棟であったが、支払いが滞っていたため競売にかけられていた。住宅を販売していたのはG建設の子会社のG住宅販売であり、G建設は都内のA総合建設の代理店になっていた。

A総合建設は政界にもコネがあり、全国に建売住宅を販売して株式上場を目指していた。はじめは非提携ローンであったが、二つの会社と提携ローンを結んでから急激に業績をばしていたことがわかった。提携ローンは書類だけの審査で貸し付けがなされており、このことに目をつけたのがG建設であった。

G建設ではG住宅販売を設立していたが、頭金なしで建売住宅を売り出すため、新たにG住宅販売のペーパーカンパニーのC商社をつくった。

Hさんの話により、C商社では購入希望者に二重の契約書やインチキな給与証明書などをつくらせていたことがわった。G住宅販売の責任者から事情を聞き、正規なものはG建設で保管し、水増した分はA総合建設を経てローンの会社に提出されていたという。住宅ローンの会社から購入希望者に確認の電話があると、水増した通りの返事をしていたから希望した通りの融資がなされていたこともわかった。

二つのローンの関係者から話を聞き、その事実を確かめることができた。

G住宅販売から注文住宅を購入した人の話を聞くことができた。

「建売住宅より割高でしたが、一年に満たないのに戸の開け閉めが不具合になってしまったのです。G住宅販売に文句を言ったところ、G建設が建てたんだと言われたのです。G建設に抗議すると下請けに任せていたからわからないと言われ、責任のなすり合いをされてしまったのです」

G住宅販売では正規なものも取り扱っていたが、急激に業績を伸ばしたために材料や技術者が不足していた。頭金なしで建売住宅を販売していたのはC商社であり、ほとんどがローンの支払いが滞っていた。

詐欺師が購入した住宅には暴力団幹部が住んでいたが、立ち退きには応じようとしないため、事情を聞いた。

「おれはKに五百万円を貸しており、担保にこの家に住んでいるんだ。五百万円を払ってくれればいつでも立ち退いてやるよ」

このように言ったがKさんの所在がわからず、事実の有無を確かめることができなかった。

都内の二つのローン会社や保険会社の話を聞き、A総合建設やG建設との取引関係を明らかにすることができた。不正に書類がつくられており、大がかりな私文書偽造が明らかになった。捜査をすすめると、A総合建設の社長さんは専務さんに任せたと言っており、専務さんは担当者に任せていたという。

G建設の社長さんは政界に進出するための工作をしており、営業は専務さんが仕切っていた。建売住宅の販売はG住宅販売がおこなっていたため、わからないと言うばかりであった。G住宅販売の社長さんは、G建設の社長に頼まれて月二十万円で名義を貸しただけだと言っていた。大がかりな事件と思われたが、はっきりしたのは私文書偽造行使だけであり、刑事責任の所在を明らかにすることができない。詐欺の疑いがあっては捜査を取り止めることはできず、署長と課長が検察官と打ち合わせをした。

「この事件では文書の偽造など明らかな犯罪もあるが、容疑のある者や参考人の数があまりにも多すぎる。認めれば起訴することができるが、否認されると起訴がむずかしくなって公平さを欠くことになる。詐欺師や暴力団がからんでいるから警察では検挙したいのかもしれないが、検察庁では十分な捜査態勢をとることもできないんだ」

警察署の態勢だって不十分であったし、捜査をつづけてもどこまで解明できるかわからない。検察庁の意向も汲み入れて強制捜査に踏み切ることはできなかったが、思いがけない事態になってきた。

関係者の話を聞いてさまざまな事実が明らかになり、二つのローン会社はA総合建設との提携ローンの契約を破棄した。提携ローンで業績を伸ばしてきたが、だんだんと経営に破綻をきたしてきた。手抜き建設があり、賠償責任を問われるなど資金繰りに行き詰まって手形を不渡りにした。ばく大な負債を抱えて倒産のやむなきにいたり、再起は困難な状態に追い込まれた。

G建設もA総合建設との代理店契約を破棄され、手形の支払いが困難になって連鎖倒産のやむなきにいたった。住宅ローンがからんだ大きな社会問題であったが、刑事事件に問われたのは取り込み詐欺だけであった。株式の上場をしようとしたり、政界進出の野望をもった二人の社長さんであったが、自業自得になってしまった。

一連の捜査を通じて感じたのは経営者の責任は重大であることであり、捜査されなくても破綻をきたす素地があったような気がしてならない。健全な会社と思って働いていた社員は退職金をもらうこともできず、新たな職を探さなければならなかった。奥村宏著『銀行と企業の危険な関係』や斉藤吉見著『倒産』や中田修著『犯罪と精神医学』など読み、経営のむずかしさを知ることができた。

＊暴力団の縄張り争い

縄張りは社会のいたるところにあるが、その形態はさまざまである。話し合いや金銭によって解決することもあるが、こじれると殺傷事件になりかねない。暴力団に弱みをにぎられるとつけ込まれ、弁護士や政治家も脅しのネタにされたりするが、届け出があるのはかぎられている。

A町の大学生から、アパートのハイツ前で血を流している人がいますとの一一〇番通報があった。パトカーが現場に到着したときにはすでに死亡しており、全署員が非常召集されて捜査に従事した。殺されたのはハイツに一人で住むリース会社の営業マンであり、帰宅したときに待ち伏せをしていた男に背後から刺されたことがわかった。

ゲーム機のリースをめぐるトラブルがあり、暴力団が介在している情報があったためM組を中心に捜査をすすめた。すると組長さんから、うちの若い者がやったかもしれないとの電話があった。二人の若者が幹部に連れられて出頭してきたが、身代わりということも考えられた。二人の供述が現場の状況とも一致したため通常逮捕して取り調べたが、ゴミ箱に捨てたとされるアイクチは発見されない。二人の供述に矛盾がみられたので追及すると黙秘してしまい、さらにM組の捜査をつづけると幹部のLさんが出頭してきた。

「ゲーム機の販売やリースをめぐってトラブルになり、警備料を拒否されただけでなく、とばく事件で警察に告げ口されて組員が逮捕されたこともあったんだ。前から目の上のたんこぶになっており、組のメンツにかかわることであり、子分に命じて殺させたんだよ」

このように供述したために逮捕して取り調べをしたが、いまだ凶器は発見されない。

「このような事件はLさんの一人の判断でやったとは思えないんだが、もっと詳しく話してくれませんか」

「警察では親分を捕まえたいのかもしれないが、この事件にはまったく関係がないよ」

「親分が、あいつは生意気だと言っただけで子分が殺した事件もあり、Lさんの話をすべて信用することはできないね」

「信用されなくても、これが事実であるから変えることはできないね」

暴力団には目に見えない掟があり、それを破ると命の危険にさらされることがあることもわかっていた。毎日新聞社編『組織暴力の実態』や松井源一郎著『任侠の祭』など読み、組織の一端を知ることができた。もっとも実感することができたのは、元暴力団幹部が書いた実録であった。さらに取り調べをつづけたが新たな事実を見つけることができず、三人が殺人の疑いで起訴されたのみであった。

＊経理課長の使い込み

署長にはいろいろのタイプがあるが、だれもが力を入れていたのが不祥事の防止であった。不祥事が発覚すると出世の妨げになるだけでなく、責任を負わされたりするからである。定年が迫っているため再就職の準備をしていた者もいるが、新たに署長になったのはアイデアマンといわれていた。勤務前に前庭で体操をしたり、昼休みにはクラシック音楽を流させたりした。

署内の巡視のために捜査二課に見えたとき、政治家にもっとも恐れられているから汚職の捜査に力を入れるように言った。何を根拠にしているかわからないが、こんなダルマの置き方をしているから犯人が捕まらないんだとも言った。だれが署長になろうとも公僕として働くことが優先であり、単なるイエスマンにはなりたくなかった。

どのような組織にあっても、責任者も経理の担当者もいる。特殊の技術のある者は配置換えが少なく、経理の担当者になると同一のポストに長く勤めている傾向がある。たとえ使い込みがばれても刑事告訴はせず、内密に処理して退職金を穴埋めにしたりするという。

夕食の時間になったので詐欺被疑者の取り調べを打ち切ったとき、会社の金を使い込んだといって経理課長のGさんが自首してきた。

「A燃料会社の経理課長をしていますが、二年の間に会社の金を三千万円ぐらい使い込んでしまったのです。あすの手形を落とすことができなくなり、五十万円を集金して競輪でもうけて穴埋めしようと思ったがはずれてしまったのです。使い込みがばれるのは間違いなく、自首するほかないと思ったのです」

Gさんには業務上横領と背任の前科があったため、強制捜査することにした。関係者を探しては供述調書を作成したため通常逮捕したのが真夜中になり、翌日から本格的に取り調べをした。

「勤めていた東京の会社で使い込みをしてクビになり、群馬にやってきて職業安定所に求職の申し込みをしたのです。履歴書にはH大学卒業でC商社の経理担当などウソの記入をし、現在の会社に経理係長として採用されたのです。このときは自分の金で車券を買っていたが、課長が交通事故で亡くなって後釜になると自由に金銭の管理ができるようになったのです。はじめは会社の金には手をつけなかったが、掛け金が大きくなると会社の金を使うようになったのです。集金した金や会社の金などを使ったが、もうけると穴埋めするなどしていたのです。使い込む金額がだんだんと多くなったが、帳簿をごまかして決算では黒字のように報告していたのです。このようにごまかしてきたが、手形を落とすことができなくなったので自首することにしたのです。社長や専務に信用されようと思ってお歳暮を贈ってきましたが、それはみんな使い込んだ金でした」

使い込みの裏付けをとったが、関係者が多かったから書類も膨大なものであった。Gさんの説明があったとはいえ、書類が偽造されていたり、やり繰りされていたから事実を明らかにするのは容易ではなかった。書類上では横領した金額は五千万円以上になっていたが、課長が言っていたように実害は三千万円程度であった。

社長さんは経営に熱心であったが、このような人物を信頼していたとあっては経営のセンスを疑われることになる。世の中には利潤の追求にうつつを抜かしている経営者がいるが、経理にうといために見逃すこともあった。

＊遊びの代償

当直司令となるとさまざまな事件や事故を取り扱うが、今夜は四人が即死した交通事故であった。午後十一時五十五分ごろ群馬大橋の交番から、橋の上でトラックと乗用車が正面衝突をしてけが人がおりますとの電話があった。現場に急行すると重傷者は病院に運ばれ、大きく破損した赤っぽい乗用車と大型トラックがあり、軽傷の運転手さんから話を聞いた。

「雨が降っていたので慎重に橋の上を渡っていたとき、前方からセンターラインを越えて前の車を追い越そうとしていた自動車が見えたのです。危ないと思って急ブレーキをかけたが間に合わず、正面衝突されてしまったのです。トラックも前部が破損しましたが、乗用車は橋の欄干にはさまれて大破したのです。乗用車には男女の四人が乗っていたがけがの程度はわからず、近くの交番の巡査が救急車を頼んだようでした」

病院に運ばれたときには全員の死亡が確認され、すべてがアルコールを口にしていた。運転免許証を持っていた自動車の所有者は二十歳のMさんであり、速度違反で検挙されたことがあった。だんだんと同乗者の身元がわかったが、二人は中学の同級生でもう一人はバーのホステスであった。誘われたが断った同級生のいることもわかったが、死亡した者は全員がバーで酒を飲んでいた。

仲間とのドライブは楽しいことであるが、酒気帯び運転となると危険がともなうことになる。命が大事だと考えたら断ることが賢明であるが、断ると仲間はずれになるおそれがあった。何事もみんなと同じようなことをしていれば批判されることはないが、ときには巻き添えになったりする。自分の生き方をしようと思ったら、どのようにするのがよいか考えることである。いままでたくさんの事故の処理をした経験があり、これは誘われて断ることができなかった人たちの悲劇であった。

犯罪捜査に携わっていると人の恥部に触れることもあれば、世の中の隠された事実を知ることもある。世間の人からは立派な人と思われていても、犯罪を犯していたことが発覚すると一挙に信頼を失うことになる。

詐欺師にはまじめそうに振る舞ったり、話のうまい者が多い。暴力団員になると入れ墨をしていたり荒っぽい言動をする者が多く、一見しただけでヤクザとわかる。どんなに悪行を重ねてきた者にも良心のかけらがあったり、まじめと思われている人にも悪心が宿っていたりする。犯罪が発覚して取り調べをすると、どこに本音があるかわかったりするため形だけでは判断できなかった。

ある日、五十を過ぎていると思われる紳士風の男が警察にやってきたが、本人が話しにくいというので弁護士さんが、かいつまんで話をした。

「映画館に入って隣の席にいた娘さんの手を握ろうとすると席を移し、連れの男に五十万円を脅し取られたとのことです」

被害者はF小学校の教頭先生で年齢は五十三歳であり、公にされることを恐れて内密に調べて欲しいという。事件を隠しておきたいと思っても、犯人が検挙になると隠し通せることができないこともある。内密にしておきたかったが、それらの事情を告げてから被害者の話を聞いた。

「弁護士さんが話したとおりですし、どこで調べたのかわからないが、翌日、学校に電話があったのです。昨夜は映画館にいきましたかと聞いてきたため、とっさにいきましたと言ったのです。すると、おまえがやっていることはセンコウの面汚しであり、落とし前として五十万万円を支払えと言ってきたのです。考えさせてくれませんかというと、サツにたれ込んだりすると、教育委員会に話してクビにしてやるぞと脅されたのです。一週間ほどしたときふたたび電話があり、銀行の普通預金口座を指定してきたので五十万円を振り込まざるを得なかったのです。それでけりがつくと思っていると、半月ほどするとふたたび電話があり、あと五十万円を振り込めば、こんどは勘弁してやるよと言ってきたのです。さらに要求がつづくため弁護士さんに相談したところ、警察に届けた方がいいのじゃないかと言われたのです」

Tさんの名前でキャッシュカードを使われていたが偽名であり、ウソをいって窓口で受け取っていたこともわかった。すでに都内の銀行で五十万円が払い戻されており、被害者を知っている者の犯行と思われたが手がかりがなかった。電話があったときに録音しておくように頼むと、一週間ほどしたときテープを持参してきたので大勢の捜査員が聞いた。思い当たる人物は浮かんでこなかったが、会話の内容からして先生のことをよく知っている人物と思われた。先生には心当たりがあると思われたが知らないと言うばかりであったが、警察に訴えると言ったことが功を奏したらしく、その後は脅しの電話はかかってこなかったという。先生が捜査に協力的であったかどうかわからないが、捜査は先生が望んでいる方向にすんでいた。先生が弁護士さんにいくら支払ったかわからないが、五十万円は痴漢の代償みたいなものであった。

＊美人局《つつもたせ》
美人局と書いてなぜか「つつもたせ」と読む。国語辞典によると、「夫のある女が夫となれあいで他の男と姦通し、姦夫から金銭などをゆすり取ること」とある。

キャバレーやバーのホステスはさまざまであり、ときには暴力団幹部の情婦になっている者もいる。客にはホステスの素性を見抜けなくても、ホステスは客の見分けに慣れていたり、操縦術にたけている者もいる。酒を飲んでいるだけなら無難であっても、ホステスを口説いたりすると危険なワナにはまりかねない。ホステスだからというので気を許してしゃべってしまうと、それが暴力団に筒抜けになって恐喝の被害にあったりする。

飲食店が開店したとき三人のヤクザが客を装い、嫌がらせをして警備料を受け取っていた。ほかにも恐喝事件があったので逮捕して取り調べると、幹部のGさんがからんでいたので共犯として逮捕した。余罪の捜査をすると、情婦になっているキャバレーのホステスがおり、美人局の疑いがあったので事情を聴いた。

「警察でどこまで調べてあるかわからないが、刑務所にいってから再逮捕されたくないから包み隠さずに話すことにするよ。ホステスと親しくした競輪選手がいたため、おれの女を寝取ったなと脅し、三百万円を脅し取ったことがあるよ」

このように供述したため、被害者と思われる競輪選手のEさんから事情を聞いた。

「脅されていたために届けることができなかったのですが、ヤクザが捕まったのでは正直に話すことができます。友達とキャバレーにいったとき、ホステスからこんどは一人で来てくださいよと耳元でささやかれたのです。数日後、一人でいって酒を飲み交わし、アルコールがまわると抱きついてキスをし、誘われままラブホテルにいったのです。一週間ほどしたとき暴力団幹部が見えて入れ墨をちらつかせ、『どうしておれの女を寝取ったんだ。この落とし前として三百万円で手を打つ気はねえか』といわれたのです。そんな大金はないというと、

『ホステスには自慢していたというじゃないか。どうしても出せないんかね』といわれたのです。考えさせてくれませんかというと、『警察にたれ込めば競輪ができなくなることを覚悟するんだな』と脅され、しかたなく三百万円を渡してしまったのです。ふたたび三百万円を要求してきたが、出せばつぎつぎに要求されると思ったので強く断ったのです。すると、『金が出せないというんなら、こんどのレースで手加減してくれればいいんだよ』といわれたのです。そんなことはできないと断ったのですが、念を押して帰っていったのです」

このレースの予想ではEさんは本命になっていたが入賞しておらず、要求をいれたわけではないといっていた。Gさんは八百長レースを約束したとして脅しのネタにするつもりだったのか、逮捕されたために行動に移せなかったのかそれはわからない。

＊不正融資

H信用組合の不正融資が問題となり、経営危機が表面化して理事長ら役員が辞任した。新役員によって再建がすすめられたが困難になり、問題が表面化したために背任の疑いで告訴があった。県議会議員が経営にかかわっていたり、暴力団が関係している会社に融資がなされていたこともわかった。

前の理事長は信組の創設者であり、理事長をしていた二十年間もトップの地位にあった。相談役になってからもたくさん役員を兼ねており、新設された町の条例によって名誉町民になったばかりであった。

金融機関にかぎらず公私のケジメが求められているが、権力を持った者によって乱用されるきらいがあった。前理事長の信頼が厚かった前の営業本部長はやり手とか切れ者といわれており、もてなしをしない組合員は冷遇され、お歳暮やお中元を届ける組合員は優遇されていた。お得意先を招いては休日にゴルフをするなど社交じょうずであったが、部内の評判はかんばしいものではなかった。

過去数年間にわたって組合に関係していた人から事情を聞くと、役員になると一億円以内なら無担保融資ができると役員会で決められていたという。政治家や公務員は信用できるとして担保なしに融資し、利息の弁済を強く求めていないこともわかった。

前理事長は融資よりも預金獲得に力を入れており、そのために前営業本部長は各支店長にノルマを課していた。ノルマが達成できると優遇され、成績のよしあしによって人事が左右されていた。そのために組合内部で預金獲得競争に走り過ぎ、融資がおろそかになって焦げ付きが多くなっていた。

経営不振に陥った会社に追加融資し、リベートを受け取った疑いがあったので前営業本部長を逮捕して取り調べをした。

「追加融資をしていた会社が倒産したことは間違いないが、あれは倒産を防ぐためのものでした。リベートを受け取ったことはなく、逮捕される理由はありませんよ」

倒産した会社の社長さんが死亡していたため、どうしてもリベートを受け取った事実を明らかにできなかった。ほかにも追加融資して倒産した会社があったが、手形を担保に取ったから不正融資には当たらないと否認していた。返済の能力がなくても追加融資していたケースはほかにもあったが、倒産を防ぐためだったと弁解していた。

さまざまな事実が明らかになったが、背任の疑いを決定づける資料は見当たらず、一貫して否認していたため処分保留となって釈放された。強制捜査が行き過ぎだとの声も聞かれたが、このような事件は任意の捜査ではむずかしい。金融機関のなかには政治家に便宜を図ったり、恩恵にあずかったりするところもあった。

H信用組合の組合長の権限は強かったが、不正な行為は長くはつづかず他の信用組合に吸収合併されて幕を閉じた。目先の利益にとらわれた経営者がもたらしたのは、大きな負債を背負って他の信用組合に吸収合併させられたことであった。

＊否認の壁

B社の社長さんから告訴があり、それは五億円余の手形と土地をだまし取られたというものであった。事情を聞いたが共同経営がネックになっており、民事なのか犯罪なのかはっきりしない。新たな資料の提出を求めて告訴人が帰ると、本部の二課から電話があった。

B社の社長はY代議士の後援会の役員をしており、善処してくれないかと言われたが特別に便宜を図る気にはなれなかった。告訴人のなかには、民事訴訟では手間暇がかかるとして刑事告訴してくる者もおり、慎重に取り扱うことにした。

翌日、たくさんの資料を持参してきたため、照らし合わせながら説明を求めた。刑事事件になるかどうかはっきりしなかったが、詐欺の疑いが皆無ではなかったため告訴を受理して捜査することにした。

複雑な事件であっただけでなく、告訴されたMさんは詐欺容疑で二回逮捕された経歴があった。いずれも不起訴になっており、慎重に捜査することにした。関係者の事情を聞くなどして捜査に日時を要していると、課長から犯人がわかっているんだから呼び出して、取り調べたらどうなんだと指示された。

知能犯捜査の経験が少ないから無理からぬことと思っていたが、口うるさく言うのでだまっていられなくなった。呼び出しにも応じないのですが、どのように取り調べたらよいかうかがうと、参考書にあるような指導であった。具体的な指示してもらおうと思うと返答に困り、それからは口を差し挟まなくなった。

二か月ほどかかり、ようやく告訴された十分の一ほどの裏付けがとれた。呼び出したが出頭に応じないだけでなく行方をくらましたため、やむなく逮捕状を得て指名手配をした。大阪府警に逮捕されて護送されてきたため取り調べをし、B社の社長さんから告訴があったが、手形をだまし取ったのは間違いありませんかと尋ねた。

「手形を受け取ったことはあるが、おれだってB社に融資していたんだよ。これが共同経営のメリットというものであり、民事で争うならともかく、告訴するなんて筋違いというものだ。代議士がB社の役員になっているというから、警察に圧力がかかっているのじゃないのかね」

どのようにしても否認の壁を崩すことができず、再度の勾留になったとき担当の検事さんから話があった。被疑者は否認しているし、自白を得るか新たな証拠がないと起訴はむずかしいと指示された。M巡査部長と二人で大阪に出張し、大家さんの話を聞いたり事務所の捜索をして女子事務員から事情を聞くなどした。

「きのう、大阪の事務所の捜索をしたが、ほとんどの帳簿が白紙だったよ。肝心の手形帳や金銭出納簿が見当たらなかったし、家賃の支払いが滞っていることもわかったよ。交際しているという代議士の秘書の名刺は見当たらなかったが、地元の暴力団幹部の名刺が何枚もあったよ。だましていないと言うんなら、どんな経営をしていたのか話してくれませんか」

「前の事務員がずさんな仕事をしていたのでクビにしたが、こんどの事務員も帳簿の付け方を知らなかったんだ。おれは出張が多かったから手形帳をつける間がなかったし、携帯用の金銭出納帳をつけていたが旅先で紛失してしまったんだ。東京の有力代議士の秘書から融資話があり、事実を確かめずにBさんに伝えたことはあったよ。地元の暴力団の幹部が見えたとき名刺を受け取ったが、その人たちに迷惑をかけたくないから話すことはできないね。どんなに調べられたってだましていないんだから、だましたとは言えないし、だましたと言うんなら警察が証明すればいいことじゃないか。おれが朝鮮人だから警察ではBさんの言い分を聞き、おれを罪に陥れようとしているのじゃないかね」

「代議士がB社の役員になっていることや、Mさんが朝鮮人であるかどうかということは事件には関係のないことだよ」

「むかしから日本人は、朝鮮人と言ってばかにしていたじゃないか」

「戦争中はそんなことがあったかもしれないが、すべての日本人がそのようにしていたとは思えないんだよ。Mさんに信じてもらえるかどうかわからないが、沖縄の戦争で朝鮮人の軍夫と一緒に戦ったことがあったんだ。未成年のわたしにはタバコが支給されていたが、成年の朝鮮人の軍夫には支給されなかったので与えていたよ。敗戦になって収容所に入れられると、軍夫をいじめた将校は仕返しされていたが、わたしはお礼を言われたんだ。いまはMさんの取り調べをしている立場であるが、将来、Mさんのお世話にならないともかぎらないんだよ」

　人によって差別しないことがわかってもらいため、このように話すと強気の姿勢がだんだんに軟化していった。

「Mさんの話とBさんの話とどちらが正しいかわからないが、Mさんにはよくわかっていることではないですか。ウソをついて他人をだますことはできても、自分をだますことはできないんだよ。証拠を隠滅して隠したとしても、隠したという事実は残ってしまうんだよ。否認をつづけるのもウソをつくのもMさんの自由だが、どのようにするのがよいか考えればわかることではないですか」

「いままで何度も警察で取り調べられたが、とことん否認してきたから起訴されなかったんだ。このような取り調べをされたんじゃ、起訴されるのは間違いないと思うようになったんだ。否認したまま起訴されるより認めた方が罪が軽くなることがわかっており、すべて認めることにするよ。B社から受け取った手形を割り引いては金をつくり、一部をB社に融資するなどさまざまな工作をしてだましてきたんだ。まじめに生きられるかどうかわからないが、まじめに生きたいと思うようになったよ」

　Mさんが自供したため事実が明らかになり、民事か刑事がはっきりしなかった事件であったが、起訴になって捜査を終えることができた。Mさんはしきりに反省を口にしており、裁判に対するものかわからなかったが、なぜか信じたい気持ちにさせられた。

＊偽造された契約書

建設会社の社長さんが、手形のことで暴力団に脅されているとの話を聞き込んだ。暴力団は覚せい剤を取り扱ったり、飲食店などから「みかじめ料」と呼ばれる警備料を巻き上げたりしていた。建設現場の騒音に難癖をつけたり、不渡り手形を利用して債権の回収をするなどしていることがわかっていた。

知能犯や暴力団犯罪には犯罪なのか民事なのかわかりにくいものがあり、犯罪の疑いがあれば捜査しなくてはならない。捜査にはナゾ解きみたいなことが少なくなく、刑事にはナゾを解いて真実を明らかにしていく宿命みたいなものがあった。

会社はすでに倒産しており、社長さんの行方がわからなかった。奥さんに尋ねてK病院に入院していることがわかり、院長さんの承諾を得て本人から話を聞いた。

「知人のSさんの斡旋《あっせん》で融通手形を出したが、相手の会社が倒産したので連鎖倒産してしまったのです。不渡りになった手形が暴力団の手にわたり、返済するように脅されたので入院を余儀なくされたのです」

Sさんの身辺捜査をすると、不動産のあっせんをしたり、選挙ブローカーのような存在であった。喫茶店を経営しているRさんの山林をあっせんしている話を聞き込み、Rさんから事情を聞いた。

「Sさんは店のお客さんであり、不動産のあっせんをしていることを知って山林の売却を依頼したのです。この山林にゴルフ場ができるという話を聞き、父親が広大な山林を買い入れたのですが、話が立ち消えになり、父親が亡くなったので手放すことしたのです。売買契約書をつくると、節税のために金額を書き入れない契約書も欲しいといわれて二重の契約書をつくって現金を受け取ったのです」

山林の登記簿謄本を取り寄せると、買い主はG土地開発となっていた。T農業協同組合に抵当権が設定されていたため、農協の専務さんに話を聞き、土地を担保にしてG土地開発に一千三百万円の融資をしていた。

G土地開発について調べると、代表取締役のTさんは詐欺の容疑で二度逮捕されていたがいずれも不起訴になっていた。T農協では他の物件についてもG土地開発に融資していたが、いずれもSさんのあっせんによるものであった。関係者の話により、節税対策として二重の契約書がつくらせて水増しをした売買契約書が農協に提出されていた疑いが濃厚になった。

捜査が始まるとG土地開発は営業を停止し、社長も専務も行方をくらました。情婦のところに隠れていた社長のNさんを逮捕し、取り調べをした。

「おれは物件を担保にT農協から融資を受けているが、一部は返済しているんだ。これからも返済するつもりだが、どうしてそれが詐欺になるんだ」

「Nさんは手強い相手だとわかっており、慎重に捜査をすすめてきたんだよ。はじめは詐欺師のからくりがわからなかったが、このごろはややっこしい事件のナゾが解けるようになったんだ。黙秘権があるんだからウソをつくのも自由だが、わたしがどんな捜査をしていたか賢明なNさんにはわかっていると思うんだ。どうして二重の契約書をつくらせ、水増しをした書類を農協に提出したか説明してくれないか」

「みんなSさんがやったことであり、おれにはわからないね」

「Sさんから話を聞いているが、Nさんの話と大いに食い違っているんだよ。どちらの話が正しいかわたしにはわからないが、Nさんにはわかっていることではないですか」

「徹底して否認するつもりでいたが、Sさんから捜査の情報が入っていたから覚悟していたんだ。おれは銀行の融資係をしていたことがあり、どのようにすれば農協から融資を受けられるかわかっていたよ。そのために農協に影響力のある県議の名前を利用し、融資申し込みをするとうまくいったんだ。このような捜査をされたんじゃ、いくら否認しても起訴されるのは間違いないや」


Nさんが起訴されて数日したとき、専務のYさんも新潟県の警察官に逮捕されて護送されてきた。取り調べをするとすなおに犯罪事実を認めたが、黒幕のSさんや、おじの県会議員については語ろうとしない。県議は名前を利用されただけであったというし、Sさんには共犯の疑いがあったがどうしても立証することができなかった。

＊穴埋めの手抜き工事

市道の陥没によって交通事故が発生したが、人身被害がなかったから簡単に処理されていた。当直勤務のとき交通課員からこの話を聞き、手抜き工事が原因しているものと思われた。贈収賄などの犯罪がないかどうか内偵することにし、参考にするために会社の社長さんの木田善弘著『手抜き工事教えます』を読んだ。

工事を請け負ったのはA社であり、B社が下請けになっていたが、工事をしたのはC社であった。そのためにC社の工事の責任者から事情を聴くことにしたが、話しにくいことがあるらしく歯切れが悪かった。交通事故の原因が手抜き工事であり、その事実を認めたため工事のいきさつを質すとしぶしぶと話した。

「契約書では掘り起こした土砂は他の場所に捨て、新たな砂を入れることになってたのです。あまりにも安く請け負ったため、契約書の通りの工事をすれば採算がとれないことがわかっており、一部を手抜きしてしまったのです」

「どのように手抜きをしたのですか」

「一部は掘り起こした土砂をそのまま元のところに埋め、材料と輸送費を浮かせたのです」

「そのようなことをしていれば検査が通らないのじゃないですか」

「A社と市役所がどのような関係にあるかわかりませんが、工事の検査があるときには、親会社から日時と場所が知らされたのです。その箇所はきちんと工事をすると、係の人も写真を撮るなどしており、不審に思われたことはなかったのです」

工事の責任者は多くを語ろうとしなかったが、これだけの話を聞くことができた。さらに詳しく知ろうと思い、顔見知りになった設計業者の話を聞いた。

「わたしのような小さな設計業者は公共施設を請け負うことはないが、さまざまな情報は入ってきています。設計の費用を浮かせるため下請けに出すこともあれば、既存の設計図の一部を利用することもあるようです。設計業者と建設業者は密接な関係にあり、発注する側と設計業者と打ち合わせをしたりします。建設業界のことは詳しくはわかりませんが、積算価格が設計業者から懇意にしている建設業者に漏れたりするんじゃないですか」

さらに内偵をつづけていると、A社の経営者と市の担当者が同窓であった。市役所の技術者がA社に天下りしており、市長選では応援しているなど密接な関係にあった。

建設業者や設計業者は監督官庁にさまざまな人脈があるが、事実が明らかになったのは手抜き工事の一部だけであった。公務員や建設業者や設計業者が密接な関係にあることがわかり、ワイロを贈らなくても便宜を図ってもらえる図式になっていた。

天下りのよしあしが論議されたりするが、企業にとっては天下り官僚を受け入れる大きなメリットがあった。警察や教育界などにあっても先輩と後輩の関係があるし、建設界にあっても談合が常態化しているといわれている。さまざまな事件の捜査をしたために実態がわかるようになったが、犯罪が立証できないため歯がゆい思いをさせられたこともあった。

＊後援会の選挙違反

参議院議員選挙の日時は前もってわかるが、衆議院になるといつ解散になるかわからない。政治の主権者は有権者といわれているが、どれほど意思が反映されているだろうか。無党派層や無関心層が増えている一方、市民運動が展開されているが盛り上がりにかけている。選挙がやってくるたびに有権者は、棄権するか、だれに投票するか選択することになる。

魅力的な候補者が少ないためか、だれが当選しても政治が変わらないと思っているためか、投票率は年々低下の傾向にある。民主政治の大きな危機になっているが、政府には本気になって取り組んでいる様子が見られない。男尊女卑の考えは根強く残っているし、このままの方が政党に都合がよいからかもしれない。

　選挙運動は公示になるか、告示以後でなければ開始できないが、政治活動なのかわかりにくいものが少なくない。国と地方や政党の違いもあり、選挙のやり方も異なっている。選挙運動と政治活動は似ているところがあり、会員の募集や講演活動の名目などで選挙運動まがいのことがおこなわれている。一部の政党には株式会社に似たところがあり、会員になると特別な便宜を図ってもらえるという。

　当選するためには多数の票を得ることが必須だが、その前に立ちはだかっているのが公認争いであった。現職が引退すると新人を選ぶことが多いが、後継者には近親や秘書が後援会を引き継いだりする。政党の違いもあるが無所属で当選するのはむずかしく、公認が得られると当選間違いないといわれたりする。魅力ある政治家が立候補しにくいことも、政治離れの一因になっているかもしれない。

　選挙が近づいてくると、ポスターが貼り出されたり、街頭宣伝車が走り回ったりする。ポスターの写真は選挙用のものと似ているけれど、片隅に個人演説会と記入されている。街頭宣伝車にしても、こちらは○○新聞の拡張販売の宣伝車であり、××の抱負が載っているから購読してくだいというものであった。

　これらは警察署長の道路使用許可を受けるだけであり、何台も使用が可能であった。ところが選挙用車両の数はかぎられているが、立候補者の氏名を連呼していることに変わりない。

会社の社長さんは公認を得ることができず、無所属で立候補することにした。事務局長は地元のベテランの新聞記者にし、参謀に元警察署長を配置した。青年部、婦人部、農村部、商工部をつくり、県の要職にあった人をそれぞれの責任者にした。物品を与えたり供応するなどしたが、秘密裏になされていたから表に出ることはなかった。青年部長は市議選に立候補する準備をしており、二股かけての運動を展開していた。

選挙が始まると中傷が飛び交ったり、買収や供応などの情報が寄せられた。立候補者の同窓生の集まりであったり、温泉旅行であったりしており、選挙に結びつくかどうか明らかにできない。このとき一通の匿名の投書が舞い込み、事実のように思えたので内偵をつづけた。関係者から事情を聞くこともできなかったが、あらかたの事実をつかむことができた。

責任者の青年部長と二人の婦人会の責任者の出頭を求め、それぞれ事情を聴取した。違反にならないと思っていたらしく、五百円の会費で宴会をし、千円相当のおみやげを与えたと言った。それが選挙違反になるかどうかわからず、選挙違反取締本部にうかがうと、判例によって違反になるとの回答を得た。否認していたが三人を逮捕して取り調べをすると弁護士さんが見え、これは選挙違反にはならないんだから、すぐに釈放してくれとの申し出があった。

裏づけ捜査をすることになり、供応を受けた婦人を呼び出しては話を聞いた。全員が事実を認めたが、違反になると思っていた人は一人もいなかった。責任者は選挙とは無関係だと主張していたが、後援会活動であることを認めたため起訴された。公判がどのように推移するかはわからないが、青年部長は市議選の立候補をあきらめざるを得なくなった。

＊選挙ブローカーと私設秘書

選挙にあっては、買収した者も買収された者もともに罰せられる。金を受け取っても、ばら撒かない選挙ブローカーもいるが、今回は現金を受け取ったのが暴力団員のKさんであった。現金を渡したのがA代議士の私設秘書のTさんであり、任意同行を求めて取り調べをした。

「どうしてKさんに一万円の現金を渡したのですか」

「中学校の同級生のK君が暴力団員とわかっていたが、小遣い銭に困っていたのでA候補に投票してくれるように頼んで一万円を渡したのです」

このように認めたため逮捕し、金の出所やどのように選挙運動をしていたかなど尋ねた。

「逮捕されたのでA代議士の私設秘書を辞めることにしたため、これからすべてのことを話すことにします。失業していたとき友人に誘われて選挙運動の手伝いをし、それが縁でA代議士の選挙事務所の手伝いをするようになったのです。はじめは決まった仕事がなかったため、代議士の庭の手入れをしたり、奥さんに頼まれて買い物をするなどしていたのです。月に十万円の手当では四人家族の生活ができないため辞めようとすると、事務所の仕事を手伝ってくれと言われたのです。仕事に慣れてくるといろいろと言いつけられ、後援会員のところをめぐって資金を集めていたのです。事務所の責任者に渡すとその中から一部を生活費として渡され、なんとか生活できるようになったのです。事務所には進学や就職のあっせんの依頼がありますが、そのときに代議士の名刺を使って紹介状を書いて渡していました。紹介の内容や人によって金額が異なっていたようでしたが、十万円を受け取ったのを見ています。後援会の大きな収入源はパーティーであり、お歳暮などの名目で役員に記念品など配っていたようでした。選挙の仕事をしているうちに選挙ブローカーと親しくなり、政治家がどんなことをしているか聞くことができたのです。ブローカーに連れられて市議会議員の応援をしたことがありましたが、金を出さなくなると他の候補に鞍替えしていました。政治家には格付けがあり、国会議員は五百万円、市長村長や県議になると百万円、議会の議員は十万円から三十万円、選挙民には千円から一万円が相場だと聞かされました。今回はブローカーのSさんから十万円を渡され、友人の暴力団員に一万円を配っただけでほかは生活費にしたのです」

Tさんがしゃべったのでさんを逮捕したが、はじめは現金を渡したことも否定していた。さまざまな状況がわかったので資料を突きつけて追及すると、現金を渡したことは認めたものの、ポケットマネーだと言い続けていた。

選挙ブローカーはさまざまな選挙で暗躍しており、政界の黒幕であったこともわかった。すべてを自供すれば上層部にもおよぶと思われたが、ブローカーをつづけるためには黙秘するほかないのかもしれない。政治献金がどのように使われているかわからないが、陣中見舞が違反になるかどうかはっきりしないこともある。

政治にはたくさん金がかかるといわれているが、金をかけずに当選できる人を選びたいものである。だんだんとわかったのは情報を得るため、私設秘書に接触する詐欺師や暴力団がいることだった。

＊お歳暮かワイロか

贈収賄は必要的共犯といわれ、ワイロを贈った者も受け取った者も罰せられる。検挙になると新聞やテレビなどで取り上げられるが、捜査は地味であり聞き込みも人を選ばなくてはならない。容易に決め手を見つけることができず、捜査されていることに気づかれると証拠を隠滅される。公務員はさまざまな権限を持っているが、同一のポストに長く勤務していると堪能になって上司から信頼されたりする。

二つの村が合併して町になると、一方から町長が出ると、他方から助役が出るというのが不文律になっていた。議会の実権を握っていたのは三人のベテランの議員といわれており、町長さんも一目置く存在になっていた。

町の公共工事をめぐって三人の議員がワイロを受け取り、事実が発覚して逮捕して取り調べをし、関係箇所の捜索でたくさんの資料を押収した。許可を得るためにさまざま工作をし、公務員と近づきになることを考えている業者もいた。

公務員の家族構成や趣味などを調べたり、知人を介して近づきになったりする。入学祝いやお歳暮を贈るなどしてだんだんと近づき、偶然に出会ったように振る舞って酒席をともにしたりする。割り勘ではなく費用を全額持つようになると腐れ縁のはじまりになり、贈収賄の事件になったりした。さまざまなケースがあるが、ワイロで結ばれると容易に断ち切ることができない。

町役場や議会議員の事務所の捜索により、町とM水道測量の関係が深いことがわかった。

過去の水道工事はすべてM水道測量が請け負っており、それが随意契約になっていた。代々の町の建設課長にお歳暮名義で三十万円が贈られていることがわかり、課長のGさんの任意出頭を求めて話を聞いた。

「建設省の出張所に勤務していたとき、S町で水道の技術者を求めていることを知ったのです。転勤したくなかったので父親に話し、県議のあっせんで係長として採用されたのです。五年後に課長になると多くの建設業者に接するようになり、M水道測量の社長さんから長男の入学祝いなど贈られたのです。町長も親しくしていたし、課員の旅行には酒などが届けられたりしたので気楽に交際していたのです。年末にM水道測量の相談役のHさんが三十万円のお歳暮を持って見えたが、多額だったので受け取ることができないと断ったのです。すると、前の課長さんにも随意契約をしてもらっており、気にしないで受け取ってくださいと言われたので断ることができなかったのです」

つぎにM水道測量のHさんの取り調べをした。

「Hさんはお歳暮として贈ったというが、Gさんはワイロであることを認めているんですよ」

「前の建設課長さんにも、毎年お歳暮を贈ってきており、それがどうしてワイロになるんですか」

このように供述したが、お歳暮名義のワイロの疑いが濃厚になったので二人を逮捕して取り調べをつづけた。どうしてもHさんの否認の壁を崩すことができず、人柄を知るために世間話をするとゴルフの経歴が長いことがわかった。取り調べのときは主導権を握ることができたが、ゴルフの話では聞き役に回らざるを得なくなった。

「Hさんの話を聞いたが、審判がいないのにどうして勝ち負けを決めるのかわからないですよ」

「ほとんどのゴルフ場が七十二ホールになっており、もっとも少ないストロークでまわったプレイヤーが勝つというゲームなんです。他のスポーツと異なっているのは、プレーヤー自身が採点することです」

「そんなことをしていれば、ごまかす人もいるんじゃないですか」

「ごまかす人はプレーヤーにはなれず、そのためにゴルフが良心的なスポーツといわれているのです」

「Hさんはお歳暮として三十万円を贈ったと言っていますが、Gさんはワイロだったと認識しているんですよ。Hさんの話とGさんの話が大きく食い違っており、真実を明らかにするために取り調べをしているんです。どちらの話が正しいか、わたしにはわからないが、Hさんにはよくわかっていることではないですか」

「わたしは正直に話しているつもりです」

「Hさんがどのように弁解しようと自由だけれと、過去の事実はだれも変えることはできないんです。Hさんが罪になるかならないかではなく、どれが真実であるか明らかにしたいだけなんです。ウソをついて他人をだますことはできても自分をあざむくことはできず、ゴルファーは正直であって欲しいものですね」

「弁護士さんと相談したいから呼んでくれませんか」

接見室でどのようなことが話し合われたかわからないが、接見を終えると重い口を開くようになった。

「わたしの父親は村長をしたこともあり、家名を汚したくなかったので否認してきたのです。ウソを言い続けるのも心苦しかったため、弁護士さんにどのようにしたらよいか相談したのです。それはHさんが決めることですよと言われ、正直に話すほかないと思ったのです。Gさんの話に間違いなく、お歳暮の名義にすればワイロにならないと思って三十万円を贈ったのです」

取り調べに困難をきたしていたが、付け焼き刃のようなゴルフの知識が役に立ってHさんの重い口を開かせることができた。知能犯は物証が少なく供述に頼ることが多いが、それも真偽を確かめなくてはならない。さまざまな心理学の本を読んできたため、捜査や取り調べに役立てることができた。

寒い日に自転車で捜査に出かけ、冷たい川風に当たったとき顔にしびれを感じた。医師の診察によって顔面神経マヒとわかり、満足に休むことなく働き続けた身と心を休めたくなった。退職してからのプログラムはなかったが、年老いた妻の両親を介護するために早期に退職した。

九章　気ままな生活

＊沖縄の慰霊祭

在職中はいつも所在を明らかにしておかなければならなかったし、さまざまな制約にしばられていた。退職後は気ままに過ごすことができたが、物足りなさを覚えて日記帳や、スクラップを整理するなどして原稿を書き始めた。このことが新聞の地方版で紹介され、地元の出版社から『捜査うらばなし』として自費出版することができた。

いつになっても忘れることができないのは戦争のことであり、慰霊のために沖縄を訪問したいと思っていた。退職して三年が経過したとき慰霊団が組織され、戦友の東京の弁護士と会計士と羽田空港で待ち合わせをして二時間ほどで那覇空港に着いた。沖縄の土を踏んだがむかしの面影は見られず、集合場所の那覇市内のホテルにいくと、大勢の元の兵士や遺族などが集まっていた。しばらく会わなかった戦友の顔もあったし、顔見知りの人は少なかったが共通した話題があったため、すぐに打ち解けた。

地元の人の案内で激戦地をめぐって亡き戦友の慰霊をしたが、捕虜のときの景色とは様変わりしていた。沖縄本島の戦闘の状況は書物で知っていたが、慰霊の旅をつづけても戦争のつめあとを見ることはできなかった。夜は宴会となって沖縄踊りや民謡などが披露されたが、戦争の話に熱中してうわのそらになっていた。

翌日は阿嘉島で戦った関係者だけになったため、その数は少なくなっていた。那覇の港にいったとき、空襲によって焼け野原になったむかしの景色が思い出された。連絡船に乗るのも久しぶりであったが、沖に出て波に揺られると船酔いする者が続出した。二時間ほどして慶良間海峡に入って阿嘉島が視野に入ると、食い入るように眺めていた。

ふたたび阿嘉島の土を踏むことはできないと思っていたため、船が港に着いたときには感慨ひとしおのものがあった。港の付近は様変わりしていたが、海も山もむかしの姿を見せていた。

集落のあちこちに戦前の建物や石垣が残っており、多くの家が建て替えられていた。戦争中の一時期、Yさんの家で民宿したことがあり、そこに泊めてもらうことにした。

当時の家族で残っていたのは小学四年生だったSさんだけであり、主人は戦争の経験者であったが負傷したために生き延びていた。われわれが泊まると戦争中の少年義勇隊員や防衛隊員が集まり、面識はなかったものの、似たような経験をしていたから話がはずんだ。戦争当時は身の回りのことしかわからなかったが、多くの人の話を聞いて阿嘉島の戦闘の全体像を知ることができた。

付近の散策をすると戦争中のことが眼に浮かび、生き残れたことが不思議のように思われた。本部の陣地のあった野田山に登ったが、生い茂った樹木のため居住用につられた洞窟は見られなかった。慶良間諸島を一望することができたが、敵の艦船で埋め尽くされた海峡には数隻の漁船が見られるだけであった。

迫撃砲で仲間が戦死した三叉路にいったとき、土煙を浴びたことを思い出されて戦慄を覚えた。舟艇が隠されていた秘匿壕にいったが、ここでも生い茂った樹木によって跡形もなかった。ニシバマの海辺から座間味島や渡嘉敷島や慶良間海峡を一望し、当時を忍ぶことができた。

グラマン機にねらわれた場所にいったが跡形もなく、よくぞ生き残ることができたと思った。二泊三日の慰霊の旅は楽しさとさみしさが入り交じったものであり、戦争についてさまざまなことを考えさせられた。犠牲になった人たちは語ることができないため、生き残った人が語り継ぐ義務があるのではないかと思えた。

＊自費出版が文庫本に

執筆は苦にならなくなっていたが、どれほど世間に通用するかわからなかった。『投書術』という本を購入すると、投書を受け付ける新聞や雑誌がたくさんあった。中央公論のホットラインに投稿すると、「付録の人生」として掲載された。それと関連があるかわからないが、『捜査うらばなし』を文庫本にしたいとの電話があった。これが親本となって『いなか巡査の事件手帳』として出版されると、雑誌や新聞の広告に載るようになった。同期生やお世話になった人たちに贈ると大変よろこばれ、お礼の手紙をいただいて執筆したよろこびを感じた。

昭和六十三年十一月三日に『いなか巡査の事件手帳』の書評が産経新聞に載せられたが、それはつぎのようなものであった。

──たぶん著者のはじめての本だろう。本を書こうとおもっているひとはおおい。なん十年も小説を書きつづけ、本になることをねがっているひとはたくさんいる。だが、なかなか本にはならない。だいたいならないのがふつうだ。この著者は三十五年も警察につとめ、退職したあと、「模索するように、原稿用紙に向かってペンを動かしはじめた」と、あとがきにある。それがりっぱな本になった。こんな場合、自分でもあまり意識せず、ひとにも知られてなかったが、なみなみならぬ書く才能があった、というふうに、ふつうは考える。たしかに、そういう才能があったであろう。それに著者は警察での報告書の書きかたなどについても言っている。むだなく的確に書くことの努力もなさったにちがいない。だが、ふつう世間での考えるのとちがい、才能でなにかが書けるのではない。才能で書いた本はつまらない。まず考えることだ。いわゆる頭で考えるのではない。まるごと自分で考える。生きること、その日その日をおくることが考えることなのだ。ふつうの人たちは、考えると言っても、ひとの考え、上司の考え、世間の考えにしたがって考えている。これは、考えることにはならない。

この著者はべつに反抗するとか、へんくつだということではなく、どんなことでも、ひとりで考えている。それをつらぬいてきたし、じつは、それ以外のことができなかったのだろう。そういうひとが書いたものだから、りっぱな本になった。じつに無駄のない、書きぶりを誇るでもなく、あっさりと、むりにストーリイをしめくくることもなく、すすんでいく。なにかを書くときは、はなしをしめくくるのが、これまたふつうになっており、そういう書きかたでないと書けないとおもわれている。著者は、それをあっさりとほうりだしてしまった。実際に、そんなにいちいち、はなしがしめくくってはいない。だいいち、実際は、はなしではない。また、実際というものがあって、それを、書いたり、しゃべったりして言いあらわすものでもない。とにかく考える。この本には、あれこれ考えたということは書いてないが、ずっと考えている。それに、これもあとがきにあるが、友達にすすめられて一冊の本を読んだとき、「全身が震えるほどの感動を覚え、いつの間にか本の虜のようになってしまった」とある。一冊の本を読み、全身がふるえるようなおもいをする者は、ほとんどいない。たいてい、うわすべりで本を読んでいる。だが、著者はある本を読み、これほどずきーんときた。そういうひとなのだ。そういうひとだからこそ、ごたごたかざりのないすっきりした本が書けたのだろう。（たなか・こみまさ＝作家）

このように批評されたため、執筆をつづけることにしたが、ある日、中国の人から航空郵便が届けられた。それは『いなか巡査の事件手帳』を読んだ人からのものであり、その要旨は、日本の戦前の警察から民主警察に変わっていく過程を知り、日本の歴史を勉強する上に役立つものと思ったと言っていた。中国語に翻訳したいが不明の箇所があるので説明してくれというものであり、それから文通がつづくようになった。

＊年金生活

警察の仕事は市民の身近なものであるが、犯罪の捜査の実情を知っている者はいたって少ない。少しでも犯罪の防止に役立てたいと思い、さまざまな項目を合わせて『泥棒の日記』を出版した。『高崎商業学校卒業五十年記念誌』を出版することになると編集委員に選ばれたが、このようなことは初めてであった。

昭和十三年に入学したのは百五十五人であったが、軍人を志願したり転校するなどしたため卒業したのは百四十三人になっていた。五十年の間に死亡した者は四十人以上もおり、遺族の原稿を含めて九十五編となった。学校時代の思い出が記されたものが多かったが、会社の社長もいれば、商社マンとしてドイツやアメリカで活躍していた者もいた。いままでは気がつかなかったが親しかったS君が同じ海上挺進隊員であり、フィリピンに向かう輸送船が敵の雷撃で撃沈されて戦死していたことを知った。戦争を経験して生き残ったのは数人であったが、ほとんどが志願者であった。

徴兵検査が繰り下げになったため軍人になって本土の防衛に当たったり、入隊してすぐに終戦になった者もいた。志願して海軍の特攻隊員となった者がいたが、戦争のことにはあまり触れず台湾での生活事情について語っていた。シベリアの抑留生活について書いた者もいたが、生々しい記録が目に触れてやるせない気持ちにさせられた。恩師からも寄稿していただいたが、もっとも人気のあったのは美術の星野先生であった。忙しくて原稿を書いている間がないと断られたが、表紙を画くことについては快く引き受けてくれた。なんとかして原稿に加えたいと思い、インタビュー形式にして生い立ちなど話してもらうことができた。

年金で生活できるかどうかはっきりしなかったが、読書や執筆は有効に時間を使うことができたし、費用が少なく済むことがわかった。ペンで原稿用紙に書いていたが、ワープロが出回るようになったため中古品を購入した。ペン習字を習ったこともあったが、努力することには限界を感じても、楽しい読書や執筆はいつまでもつづけることができた。

＊野菜農家の手伝い

野菜農家の友人が入院したので見舞いにいくと、もう百姓はできないかもしれないと弱音をはいた。さまざまな経験をしたいと思い、農繁期には手伝うと言って慰めた。退院したために手伝うことにしたが、友人がつくっていたのは、タマネギと枝豆とブロッコリーがおもになっていた。

最初はタマネギの収穫であったが、一面がビニールで覆われており、一本一本抜き取って決められたサイズで茎と根をハサミで切り落としていった。夕方になると二十キロ入りの袋に詰めて作業小屋に運んで一日の作業を終えた。

このような作業が一か月ほどつづき、乾燥させてから選別機にかけ、L・M・Sに分別してから出荷となった。価格はそのときの相場で決められるため、生産者は取引価格の変動に一喜一憂させられていた。

枝豆は風味と香りが好まれるため、消費者に早く届けられるようにするため早朝からの作業であった。根本から切り取ってから軽貨物車で作業小屋に運び込み、規格に合ったものだけ一つ一つもぎ取っていった。水洗いし、乾かしてから三百グラムずつ量っては網の袋に入れ、生産者や規格が書き入れられた段ボール箱に三十袋ずつ詰めた。一箱にすると出荷することになり、午前中で作業を終えて集荷場まで運んだ。

このようにして市場に引き取られていったが、順調にいっても店頭に並べられるのは翌日になるのではないかと言っており、消費者は新鮮な枝豆を口にすることができない。規格に合わない枝豆はすべて廃棄される運命にあり、いただいて帰って隣近所の人や知人に与えると、枝豆が嫌いだという子どもがおいしく食べたという話を聞かされた。多くの野菜が日時の経過によって風味が失われることもわかったが、どれほどの消費者がこの違いに気づいているだろうか。

ブロッコリーは消費者の好みにより、品種が変えられるようになったという。十一月下旬ごろから収穫となったが、天候によって大きく作用されていることがわかった。寒くて乾燥していると伸びが悪くなり、雨あがりで暖かな日がつづくと収穫が追いつかなった。収穫時期がかぎられていたし、人手が足りないために黄ばんで収穫できないものがあった。取り残されたブロッコリーが、あちこちの畑で花盛りのようになり、肥料の役目をするほかなかった。ブロッコリーもL・M・Sに分類されるため、大きさを測っては生産者の番号がつけられた箱に詰められて出荷となった。

野菜にもいろいろ種類があり、見かけは同じであっても味に違いのあることがわかった。見かけがよくて長持ちができて調理に便のよい商品がよろこばれる傾向にあったが、味のよしあしは別問題であった。

自家用として特別な野菜をつくっている農家もあれば、むかしからのやり方をつづけている人や、工夫をこらしている人もいた。いずれにしても規格に合わなければ出荷することはできず、味のよしあしによって出荷価格が変わることはなかった。

無農薬や有機栽培の野菜が消費者に好まれているため、農家の負担はさらに大きくなっている。労働の割に収入が少ないためか農家の後継者は見当たらず、それが深刻な問題になっている。それでも友人のグチを聞くことがなかったのは、生産のよろこびを味わえたからかもしれない。

＊戦友会

アメリカ軍が、阿嘉島や慶留間島や座間味島に上陸したのは、昭和二十年の三月二十六日であった。ここから沖縄の陸戦の火ぶたが切って落とされ、翌二十七日に渡嘉敷島に上陸した。わたしがいた第二戦隊は阿嘉島や慶留間島に駐留しており、もっとも多くの戦没者を出したのは二十六日であった。この日が戦没者慰霊の日と決められたため、毎年のように慰霊祭に参加してはYさんの家に泊めてもらった。いつものように戦争を経験した人たちが集まり、きたんのない話に夜更かしになって、さまざまな事実を知ることができた。

慶良間諸島で集団自決があったことは知っていたが、なぜか阿嘉島では一人の自決者もいなかった。第一中隊が駐屯していた慶留間島では三分の一以上の島民が死んでおり、三十一人の隊員はすべて戦死していた。一部は出撃して敵の船舶を撃沈させていたことがわかったが、そのほかはどうして戦死したか不明であった。

夏には高野山で、沖縄で戦死した人たちの慰霊祭があり、宿坊に泊まって戦友と語り合ったりした。第十区教育隊のあった江田島の幸の浦に慰霊碑が建てられ式典に参加し、当時のことを思い出すことができた。

岡山で開かれた戦友会に参加した帰りに小豆島の旧軍隊の跡地を訪ねたが、むかしの面影を見ることができなかった。戦友会という名の会合がときたま開かれたが、会則があったわけではなく、会長もいなかった。みんな阿嘉島で戦って生き残ることができた仲間であったが、職業もさまざまであれば考え方も異にしていた。弁護士や検事や会計士もいたが、もっとも多かったのは警察官であったが、利害関係をともなうこともなく、階級の垣根もなくなっていたから隔てなく話し合えることができた。

野田隊長が戦友会に参加したとき、戦争当時の心境を聞くことができた。

「アメリカ軍が阿嘉島に上陸してきたとき、戦力に圧倒的な違いがあったから勝てないと思ってしまったよ。アメリカ軍が島から去ると飢えとの闘いになり、島の草木を無断で採取した者は処罰する布告を出さなくてはならなかったんだ。六月になると食糧が底をついてきたとき、捕虜になっていた部下のS少尉から投降の呼びかけがあったんだ。捕虜になっていた陸士の仲間の第一戦隊長の話を聞いてさまざまなことがわかり、アメリカ軍の方面司令官と会うことにしたんだ。このまま戦争をつづければ多くの餓死者が出ることがわかっていたため、休戦協定を結ばざるを得なかったんだ。島民と朝鮮人の軍夫は軍紀を守る必要がなかったので投降を認めたが、軍人は認めることはできなかったんだ。脱走した隊員がいたり投降する将兵もいたが、厳しい措置をとることもできなかったんだ。復員してからは人を使うような仕事をしたくなかったため、人に使われるような職業についたんだ。スパイの疑いで二人が処刑された報告を受けたことがあったが、あのときはやめろとは言えなかったんだ」

戦争当時は話し合うことができなかったが、戦隊長の人柄を知ることができた。慰霊祭に匿名で寄付したり、阿嘉島で「集団自決」がなかったのは、戦隊長と鈴木大尉のおかげだと島民から聞かされたこともあった。

戦場へいく輸送船で勉強をしていた隊員は、復員してからも独学で司法試験に合格して弁護士として活躍していた。外語学校を合格していたが軍隊に入った戦友は、戦後にアメリカ軍の通訳になっていた。アメリカの軍人相手に絵画などを販売していたが、通訳をやめると「ポールわたべ」と称する画商となった。戦時中に四人の仲間とともに逃亡した戦友は復員すると教育の場で働くようになり、児童文学作家になって『四人の兵士のものがたり』などを出版した。

戦争を知らないテレビのコメンテーターの話に違和感を覚え、戦記を書くことを思い立った。記憶は鮮明に残っていたが記録したものはなく、図書館や古書店をめぐるなどしてたくさんの戦記や捕虜記など読んだが、経験した者と取材した者の違いがあるだけでなく、個人によって戦争の見方が異なっていた。戦争では命令している上官も命令されて行動しており、末端の兵隊になるとロボットのように動かされているだけであった。

戦争の経験があってもわかっているのは身辺の出来事だけであったが、戦死した人たちのために語り継ぐことにした。戦争のことをもっともよく知っているのは体験者であり、海上挺進隊の生き残りの者が書いた会報など参考にした。記憶にたどっていたためどれほど正確かわからないが、少しでも戦争の防止に役立てたいと思って『船舶特攻の沖縄戦と捕虜記』を出版した。

＊介護で学んだこと

義母が胃潰瘍で入院すると、妻が付き添うことになった。わたしがつくった料理を義父が食べるようになると、わだかまりがなくなった。義母が退院してしばらくすると、義父が肺炎で入院し妻が付き添った。年齢からして回復が危ぶまれていたが、二か月ほどで退院すると、歩行が困難になった。その間に義母は徘徊するようになったため、医師や福祉の関係者の話を聞いたり、介護の本を読むなどして介護した。義父と義母は定期的に通院しており、義父を自動車に乗せるのも降ろすのも大変であった。

義母はときどき鼻歌を歌っていたが、ほとんどがむかしの歌であった。妻が買い物に出かけたとき義父がウンチ、ウンチと言ったため、妻がやっていたのをまねて処理をした。シモの世話は大変だという人もいるが、尿や大便や体温は健康のバロメーターであったから妻は毎日のように記録していた。

義母はひんぱんに家に帰ると言ったり、食事をしたばかりでも食事の催促をするようになった。どんなに説明しても納得しないため、送ってあげますよと言って自動車に乗せて街をひとめぐりすると家に戻った気分になるらしかった。

二人の介護が長引いてきたため、義母の気分転換になるかもしれないと思って施設の整ったディケアにお願いした。徘徊する者を部屋に閉じ込めていることがわかったので解約し、親切に取り扱ってくれるディケアにお願いした。

義父が埼玉県にいる義弟に会いたがっていたため、義母も連れていった。

義母が応接間にあったピアノを弾き始めたが、童謡の音階がはっきりしていたし、楽しそうにいつまでもたたいていた。妻がそのことを義弟に話すと、いまはだれも使っていないからといって送ってくれた。ピアノの音が聞こえている間は安心することができたが、三時のおやつを食べると家に帰らなくちゃと言いだした。誕生日に義弟が買ってくれたハーモニカを手にした義母は．なんの曲かわからなかったがしばらく吹いていた。少しでも介護する人たちの役に立てばいいと思い、ＮＨＫの「このごろ思うこと係」に「おばあちゃんとピアノ」を投稿すると敬老の日に放送された。

寝たきりの義父は昼に寝てしまうせいか、夜に眠れないらしくときどき大きな声で怒鳴った。医師からは「夜間せん妄」と診断されており、それを防ぐ方法は見当たらない。担当の医師から入浴の許可があったため、保健婦さんの指導を受けたり本を読むなどした。裸にしてサラシを幾重にも体に巻いて妻と二人がかりで浴槽に入れると、うれしそうに、こたえられないいやと言った。入浴を嫌っていた義母であったが、入ってしまうと気持ちがよいらしくなかなか出ようとしない。義父は人見知りが激しく、ときには医師や看護婦さんを怒鳴ったりしたが、その人たちの対応はうまかった。

歩くのが困難になったため、義母はディケアにいくこともできずベットで過ごすことが多くなった。徘徊することができなくなったが、救いだったのは食欲が衰えていないことだった。月日が経過するに従って義母の体力は衰えていき、入院するかどうか選択しなければならなかった。義母の意思を確認できなかったが、往診してくれる医師が見つかったので自宅での介護をつづけた。

食事はだんだんに細くなって流動食を与えるなどし、医師が酸素吸入器を持ち込んで治療に当たってくれた。義母は育った家で妻に看取られて苦しむことなく、あの世に旅立ったが、このような措置が最善であったかどうかはわからない。

妻は義母の葬儀にも参列することができず、義父が義母の死をどのように受け止めたかわからない。寝たきりの状態には変化が見られなかったが、義母が死亡して四か月はどしたときに急変し、医師が駆けつけてきたが間に合わず、わたしに抱えられたまま息を引き取った。二年半にわたる介護にピリオドが打たれたが、健康や食事や治療や介護などについて学ぶことができた。

＊捜査体験記や戦記の出版

公共事業の工事にあっては入札から完成までさまざまな過程を経ているが、官庁や設計業者や建設業者は密接な関係にあった。談合は許されないことであったが、具体的なことはわからなくても入札価格が漏れたりする。手抜き工事は人命にかかわる重大なことであったが、天下りがあって検査に手心が加えられていた事件の捜査をしたことがあった。談合や贈収賄などはひそかにおこなわれており、犯罪として検挙にならないと公になることはめったにない。

長いこと犯罪の捜査に従事したため、捜査体験記を書きつづけることができた。七十歳になったとき、何をしようか考えたが、新たに挑戦するものをみつけることができなかった。やめるものはないか考えたとき、すぐに思いついたのが自動車の運転であり、歩くことを心がけることにした。中距離のときは自転車に乗り、遠距離のときにバスやタクシーや電車を利用することにした。

つぎに考えたのは定期の健康診断をやめるかどうかであったが、医師の見解もさまざまであった。健康を保つために栄養と睡眠と運動が大事だとわかり、体の異変を感じたときに検診を受けることにした。

文藝春秋の「一〇〇〇字オピニオン」に投稿すると、月刊誌『ノーサイド』に掲載された。婦人之友社の月刊誌『明日の友』に投稿すると、農業や介護体験などが掲載された。

光文社発行の『忘れてはイケナイ物語り』の選考委員が野坂昭如氏であったが、投稿すると「特攻隊員のものがたり」が入選となって掲載された。警察官の不祥事が相次ぐため一般市民に理解してもらうため、捜査係長の体験記を出版した。

慰霊のために何度も沖縄を訪れており、国際通りのホテルや阿嘉島のYさんの家に泊まることが多かった。阿嘉島と慶留間島を結ぶ阿嘉大橋が完成すると、外地島の慶良間飛行場や高良家住宅を見学したりした。

沖縄本島の平和祈念公園の平和の礎に戦友の名前が刻まれているのを見たとき、立ち止まっていろいろ考えさせられた。グラマン機に狙われたり迫撃砲弾の土煙を浴びたりしており、生と死が紙一重であったことを知った。摩文仁の壕の戦跡を見たり、ひめゆりの塔や生き残った同窓生とともに白梅の塔に参詣したりした。旧海軍司令部壕を見学したりしたが、そのたびに犠牲になった人たちのことが思い出されて、やるせない気持ちにさせられた。

モノレールが開通すると何度も利用するようになり、首里城や県立美術館・博物館や玉陵や識名園などを見物した。捕虜のときにめぐった残波岬にいったり、屋嘉収容所の跡を訪ねて見慣れた金武湾の景色に目をやったりした。

沖縄にはたくさんの城があり中城城跡・勝連城跡・座喜味城跡・今帰仁城跡などをめぐり、

名護市から辺野古を経て東海岸を北上して辺戸岬まで足を伸ばした。国営海浜公園にいったり、美ら海水族館でマンタの泳ぎを見たり、沖縄料理を味わったりしたが戦争の影がつきまとっていた。

慰霊祭に参加した帰りに写真家と出会い、つぎの慰霊祭のときに取材したいとの申し出があった。那覇のホテルで待ち合わせて阿嘉島まで同行して慰霊祭に参加し、座間味島の海洋文化館のマルレの復元艇を見たりした。特攻隊員の阿嘉島の戦闘のことが話し合われたが、中央公論に載った題名は「知られざる船舶特攻隊員と島民の今も続く交流」であった。

卒業五十年の記念誌を発刊してから十二年が経過したとき、「傘寿号」の出版の話が持ち上がった。すでに三分の二以上が他界しており、期限までに集まったのは二十編に過ぎなかった。さまざまな工夫をして六十五編ほどの原稿になったが、現在の心境を語ったものが多かった。老いをどのように生きるか語っており、傘寿記念号にはふさわしいものとなった。

病と闘いながら妻の介護をしたり、妻を亡くした夫の心境が書かれたものもあった。八十歳近くになってエジプトのシナイ登山をした元気のある者もいれば、俳句や落語や写真やカラオケを楽しみにしている者もいた。「余生」という言葉を使っている者もいたが、会社の社長として第一線で活躍している元気な者もいた。わたしは気ままに生きてきたが、だれの文面からも余生を有意義に過ごしたいという心意気がみられた。

亡くなった同級生の家族や病床の仲間からも原稿が寄せられ、遺言のつもりで書いたと思えるものもあった。介護しながら新たな人生の「絆」が生まれた文面を読んだとき、そのように心掛けて生きたいと思った。原稿を提出してから出版を待たずに死亡した者もいれば、書きたくても書くことができないと知らせてきた会員もいた。死について語ったり、残りの人生をどのように生きたらよいか考えていたり、八十歳になってからさまざまなことを知った。

座間味村立阿嘉小学校の創立百周年の記念祭がおこなわれたため、仲間とともに招待された。戦争中は民家に泊まったり、小学校を兵舎に利用するなどした。

沖縄が日本に復帰するようになってから島の人たちとの交友がつづき、第二戦隊の帆足少尉は戦死し母親が小学校に図書の寄贈をつづけていた。そのために「帆足文庫」が設けられており、仲間にも図書を寄贈していた者もいたため、同窓生扱いにされて招待されたことを知った。

＊見解が分かれた集団自決

座間味島の第一戦隊長だった梅沢さんと、渡嘉敷島の第三戦隊長だった赤松さんの弟の二人が大江健三郎氏と岩波書店に対し、出版差し止めと二千万円の損害賠償を求めて大阪地裁に提訴した。出版された『沖縄ノート』では、「集団自決は軍の命令があった」と書いてあるが、梅沢さんは「私は命令していないし、住民は自らの意思で国に殉じる美しい心で死んだのであり、虚偽の事実で名誉を傷つけられた」と主張していた。

このことに関連があるかどうかわからないが、二〇〇七年三月の高校日本史教科書検定は、教科書会社が一年前に申請していた「沖縄戦の住民集団自決は日本軍の強制」とする記述を削除した。これに反対した人たちにより、二〇〇七年九月二九日、沖縄の海浜公園で県民大会が開かれ、「集団自決が軍の命令なしには起こり得なかったことは紛れもない事実であり、事実を正しく伝えるのが我々に課せられた重大な責務である」とし、文部科学省に検定意見の撤回を求める決議をした。

沖縄県や県議会などが検定の撤回を求めると、政府は「検討して真摯に対応する」と述べ、教科書会社から訂正の申請があれば書き換えを容認する姿勢に転じた。だれがどのようにして審議会の委員を任命するか、だれが委員になるかによって検定の意見が異なるといわれている。

審議会の委員の一人が、意見が取り上げられないとして月刊誌に投稿していたが、賛成が七人で反対が二人であったという。過去の事実はだれも変えることはできないが、審議会の委員が変わったり、決起集会があると記述が変えられるとなれば歴史の真実がゆがめられることになる。

新聞も雑誌もこれを取り上げ、評論家や学者などの意見なども掲載された。意見が大きく分かれたのは、軍の命令があったか、なかったかであった。その人たちがどれほど実情を知っているかわからないが、持論を展開しているものと思われた。

戦争を経験している人の意見には実感がこめられていたが、これも意見が異なっていた。幼児は自決することができないし、砲爆撃や銃撃によって戦死した者もいたという。真実を知っているのは、語ることができるのは死者だけであり、関係者によっても語られている。戦陣訓が影響していたと話す人もおり、真実をわかりにくいものにしている。

わたしも記者やジャーナリストの取材を受けたことがあったが、同じことを話しているのに取り上げ方が異なっていた。いまだ「軍隊が駐屯していたから集団自決が起きた」と報道しているテレビがあるが、わたしがいた阿嘉島では一人の自決者も出していない。だれがどのように取材したかわからないが、間違いに気づかない人は報道を信じることになる。さまざまな状況が明らかになってくると、「集団自決」という言葉にも疑問が生まれた。

＊よくぞ生きた九十二年

世の中の役に立ちたいと思い、さまざまな本を読んだり執筆をつづけてきた。選挙違反や贈収賄事件などの捜査をしたが、いずれも金銭や便宜が図られるものであった。選挙違反で代議士の私設秘書を逮捕して取り調べをし、政治や選挙の裏話を聞くことができた。広瀬通貞著『政治とカネ』を読み、選挙と政治活動がどのようにおこなわれているかを知った。ワイロを贈ったり選挙の買収は罪になるが、似ていてもお歳暮や政治献金などは認められている。豊田有恒著『談合主義の功罪』を読み、利潤を上げるために日常的におこなわれていることを知った。

権限を持とうとしている官僚は少なくなく、北川隆雄著『官僚たちの縄張り』を読んでさまざまなことを知った。以前の国会では官僚に答弁させていたが、いまは大臣が質問に答えるようになっている。官僚はその道のプロであるが大臣にはふさわしくない者もおり、野党議員に質問されて答弁に困って、官僚の助けを得ている光景はしばしば見られた。これに似た図式はさまざまな職場でも見られる現象であったが、むかしからつづいているためか、容易に改めることはできない。

振り込み詐欺が多発し、テレビや新聞などで防止を訴えているが効き目が少ない。だます方はプロであっても、だまされるのは、お年寄りなどは素人である。だまされてから気がついたのでは手遅れであり、予防することが大切である。

警察は市民にとって身近な存在であるが、捜査について知っている者はいたって少ない。さまざまな詐欺事件を取り扱っており、少しでも防止に役立てたいと思って『だます人・だまされる人』を出版した。巧みに法網をくぐり抜けている知能犯の被害にかからないため、『詐欺師たちのマニュアル』も出版した。

戦争のことを語り継ぎたいと思い、雑誌や新聞に投稿をつづけていた。先に出版した『船舶特攻の沖縄戦と捕虜記』が潮書房光人社の『沖縄戦と海上特攻』の文庫本になったため、戦争のことを知ってもらおうと思って阿嘉島の全家庭に贈った。心残りになっていたのが海上挺進隊のことであり、秘密部隊とされていたため、存在を知っている者はいたって少ない。

陸海軍の特攻機や海軍の特攻艇については多く語られているが、海上挺進隊のベニヤ板の特攻艇に触れたものは見当たらない。生き残っていた海上挺進隊員が書いた『マルレの戦史』や「会報」によって新たな事実を知ることができたため、多くの人に知ってもらいたいと思って戦記を書くことにした。

海上挺進隊は第三十戦隊の編成であり、若い将校や下士官や船舶幹部候補生で組織され、総数は三千百二十名であった。速成の訓練を経てマルレと呼ばれた特攻艇を渡され、つぎつぎに沖縄や台湾やフィリピンに派遣された。部隊もマルレも秘密扱いされていたため、軍隊でも一部の者にしか知られていなかった。

輸送船がアメリカ軍の雷撃によって撃沈されたり、戦場に着いてもマルレが破壊されて出撃不能になったりした。出撃して戦果を挙げたのは一部にすぎず、無残な死を遂げた者も少なくないと思われた。戦没した者の数は千七百八十五名にものぼっており、亡くなった人たちは語ることができない。似たような経験をしていたため語り継ぐ義務があると思われ、戦記として書き残すことにした。

もう一つ伝えておきたいと思ったのは、屋嘉の捕虜収容所にいたときに出回っていた作者不明の沖縄戦記であった。第三十二軍司令部の高級参謀が書いたと思われるものであり、沖縄戦の作戦の全体像が詳細に書かれていた。むさぼるようにして読んで書き写して持ち帰ったが、埋没するには惜しいと思われたため、『ベニヤ板の特攻艇と沖縄戦』に付記することにした。戦争がどんなに悲惨なものであるか多くの人に知ってもらいたいと思い、全国の都道府県と沖縄県各地の図書館に寄贈した。

＊世の中のさまざまな出来事

いまは新聞やラジオやテレビでニュースを知るほかないが、事実かどうか確かめることができない。つじつまが合わずに疑問に思うこともあれば、ときには間違った報道に接することもあった。記者もジャーナリストも異なっていたし、報道機関にも少なからずカラーがあった。

新聞やテレビには速報性があるため、十分に裏づけがとれないまま報道したりする。報道されることを知って取材を受けると、身構えて本音で語れないこともある。犯罪の捜査にあっては犯罪を立証しなければならず、えん罪につながる恐れがあるため一つのミスも絶対に許されない。

少子高齢化がすすんで、過疎化している農山村もあるし、店を閉める商店が多くなっている。労働者の不足を補うため外国人を雇い入れているが、人として扱われないためかトラブルになったりする。国や地方の選挙にあっても、投票率は年々低下しており、民主主義の危機が叫ばれるようになった。だれが当選しても政治が変わらないと思っているのか、魅力ある立候補者がいないのかそれはわからない。政党政治といわれてカネや組織に頼る傾向があり、選挙の前におこなわれる公認争いが最優先になっている。

総理大臣も国民に選ばれるというより派閥争いから生まれており、これも国民の政治離れにつながっていると思われる。主義が異なっても仲良くしている政党もあれば、政策が似通っていても容易に手が握れない政党もある。人は平等であると叫ばれていても男尊女卑の考え方は根強く残っており、改革の糸筋が見えない。たとえ少数の意見が正しくても多数に押し切られてしまい、将来に暗い影を落としている。

デジタル化して二極化がすすみ、白か黒か容易に決められるため、いまは中庸という言葉が忘れ去られている。どちらにもついていけない人が自由を求めてひきこもりになったりする。家庭内のトラブルも多くなり、夫婦や親子間の殺人や虐待が珍しいことでない。

我慢することや努力することは大切なことであるが、限界を超えるとハプニングになったりする。将来の明るい展望が開けないため生活に張り合いが持てず、結婚する人が少なくなっている。多数と同じようなことをするのが安全と思っているのかもしれないが、世間にまどわされずに自分の道を歩きたいものである。

あちこちで紛争がおきているが、おもな原因は縄張りや権益争いである。平和を口にしながら軍備を拡充している国もあれば、国のためと言いながら公私混同している人もいる。立派なことを言って国民の協力を求めて敵対する人をあざけり、自分の正当性を主張する人もいる。

政界にあっては不都合なことは証拠隠滅し、統計をごまかすなどして公僕の精神を忘れて信用が失墜している。それでもさほど人気が落ちないのは、風習のためか組織のためか、メリットがあるからかわからない。不正がばれて大騒ぎしている企業もあれば、利潤を求めて手抜きしているところもあるが、長く培われた企業の体質を簡単に変えることはできない。

官僚の天下りが禁止されているが、それが守れないのは受け入れる側にメリットがあるからである。便宜を図ってもらうことは同じであっても、ワイロが罪になってもお歳暮や政治献金になると罰せられない。

日本と韓国の間でもぎくしゃくした関係がつづいているが、歴史的な背景が原因していると思えてならない。戦争中のことであったが、沖縄に向かう輸送船では危険な海を慰安婦とともにした。沖縄の戦闘では朝鮮人の戦友や軍夫と一緒に戦っており、仲間のように思えても違和感はまったくない。国境をめぐるトラブルがあったり、少女像を嫌悪したり徴用工の賠償がネックになっているが、仲良くしたいと思っている国民は多いと思われる。それを大きく疎外しているのは両国の政府であり、わだかまりをかなぐり捨てて手を握ることができれば、明るい将来が期待できるのではないか。

職場などではセクハラやパワハラがあるが、さまざまな要素が表裏一体になっているため取り扱いがむずかしい。良いと思ってやったことであっても、与える側と受ける側は大違いである。

介護にあってもトラブルがあるが、我慢の限界に達すると思いかげない事態になったりする。家庭や学校にあっても、しつけやいじめなどの問題が起きているが、表に出したくないため内密に処理される傾向がある。トラブルになっても適正に処理することができず、さらに問題を大きくして自殺や虐待になったりする。

事件が発覚すると大騒ぎになって第三者委員会などが組織され、原因の調査や防止策が講じられる。児童相談所や教育委員会や学校の取り扱いの不備が指摘されたりするが、担当者には、ベテランもいれば新米もいるし、上司もさまざまである。

仕事の目的は同じでも技量が異なっており、報告を受けてもチェックできない上司もいる。予防するため具体的な意見を述べた委員もいたが、現場を経験していないためか実施が困難なものであった。実情をもっともよく知っているのは現場の人たちであるが、なぜかその人たちの声はあまり聞かれない。事件を防ぐには相手を思いやる気持ちや、人権を尊重する意識を持つことが大切であるが、これも一朝一夕に改めることはできない。

軍人や巡査を志願したことを悔いたこともあったが、これがかけがえのないものとわかった。戦争では何度も死の危険に遭遇して生き残ることができたし、捕虜になってアメリカ人から学ぶことも多かった。警察官になって多くの人と接したり、さまざまな事件を取り扱って人の見方や世の中のことを知り、自分の道を歩くことができた。年齢を重ねるに従って体力は落ちてきたが読書や執筆の気持ちはそれほどなえておらず、好きなことをつづけることができた。

【著者紹介】

深沢敬次郎（ふかさわ・けいじろう）

大正14年11月15日、群馬県高崎市に生まれる。県立高崎商業学校卒業。太平洋戦争中、特攻隊員として沖縄戦に参加、アメリカ軍の捕虜となる。群馬県巡査となり、前橋、長野原、交通課、捜査一課に勤務。巡査部長として、太田、捜査二課に勤務。警部補に昇任し、松井田、境、前橋署の各捜査係長となる。警察功労賞を受賞し、昭和57年、警部となって退職する。平成7年4月、勲五等瑞宝章受賞。

著書：「捜査うらばなし」あさを社、「いなか巡査の事件手帳」中央公論社（中公文庫）、「泥棒日記」上毛新聞社、「さわ刑事と詐欺師たち」近代文芸社、「深沢警部補の事件簿」立花書房、「巡査の日記帳から」彩図社、「船舶特攻の沖縄戦と捕虜記」「だます人　だまされる人」「女と男の事件帳」「捜査係長の警察日記」「詐欺師たちのマニュアル」「犯人たちの黒い告白」「ベニア板の特攻艇と沖縄戦」「ザ・ドキュメント否認」「県警警部補の犯罪社会学」「経験して学んだ刑事の哲学」「犯罪者は反面教師である」元就出版社、「沖縄戦と海上特攻」（光人社NF文庫）

現住所：群馬県高崎市竜見町17の2

生き延びた特攻兵のポリス魂

2020年6月27日　第1刷発行

著　者　深沢敬次郎

発行者　濵　　正 史

発行所　株式会社元就《げんしゅう》出版社

〒171-0022 東京都豊島区南池袋4-20-9
サンロードビル2F-B
電話 03-3986-7736　FAX 03-3987-2580
振替 00120-3-31078

装　幀　クリエイティブ・コンセプト

印刷所　中央精版印刷株式会社

※乱丁本・落丁本はお取り替えいたします。

ISBN978-4-86106-265-0　C0095

深沢敬次郎

船舶特攻の沖縄戦と捕虜記

これが戦争だ！

第一期船舶兵特別幹部候補生一八九〇名、うち一一八五名が戦病死、戦病死亡率六三パーセント。知られざる船舶特攻隊員の苛酷な青春。慶良間戦記の決定版。

■本体１８００円＋税

深沢敬次郎

ベニヤ板の特攻艇と沖縄戦

附記・七十年目に日の目を見た幻の「沖縄戦記」

敗戦再考！　元特攻隊員現存作家の書き下ろし。迎え撃つに武器なく、食糧は底をつき、飢えとの戦いの中にあって、逃亡か投降かの選択を迫られた兵士たちの生き地獄。

■本体１８００円＋税

深沢敬次郎
女と男の事件帳
戦後を生きた巡査の手記

敗戦の焦土と化した終戦直後から昭和三十一年までに起きた女と男の事件を収録した。元巡査、刑事であった作家が、直接係わった事件を克明な日記を基に再現した、男と女の関係。

■本体1500円＋税

深沢敬次郎
犯人たちの黒い告白
捜査係長十六年間の事件簿

実録 犯罪ファイル。人はなぜ法を犯し、自らの人生を破綻に追い込むのか？ 殺人、死体遺棄、連続強姦、詐欺、暴力団など、犯罪に手を染めた悪い奴らの肉声が聞こえる。

■本体1600円＋税

深沢敬次郎

だます人　だまされる人

実録・知能犯刑事の事件帳

振り込め詐欺、架空請求、ヤミ金、手形詐欺、○○商法等々、奴らは虎視眈々とカモを狙っている。チョットの油断で被害にあっては後の祭りだ。手口と撃退方法を伝授する。

■本体1800円＋税

深沢敬次郎

経験して学んだ刑事の哲学

団塊世代の捜査日記

さまざまな矛盾に遭遇しながら職務を執行しなければならなかった。知識は読書や映画や人の話を聞いて習得できるが、経験しないと分からないこともある。

■本体1600円＋税

深沢敬次郎

捜査係長の警察日記

女と男の黒い報告書

実録ベテラン刑事の犯罪ファイル　殺人、詐欺、覚せい剤、無理心中、暴力団、強姦、幼児置き去り、DV等々、男女が織りなす犯罪模様を克明に活写した究極の人間学。

■本体1500円＋税

深沢敬次郎

詐欺師たちのマニュアル

罠を暴いた能勢警部補の事件簿

捜査2課係長の知能犯ファイル　警察の捜査や行政の注意喚起など、いくら厳しく取り締まっても、詐欺師たちは常にその一手先を考えている。本書は転ばぬ先の杖だ。

■本体1600円＋税